MARIANA MAZZUCA

MISSION ECONOMY

A MOONSHOT GUIDE
CHANGING CAPITALIS

マリアナ・マッツカート

ミッション・エコノミ

国×企業で「新しい資本主義」を
つくる時代がやってきた

関 美和・鈴木絵里子 訳

NEWS PICKS PUBLISHING

MARIANA MAZZUCAT
MISSIO
ECON
A MOONSHOT G

ミッション・エコノミー：国×企業で「新しい資本主義」をつくる時代がやってきた

公共の目的(パーパス)と共通善を価値創造の核に据えるために
人生を捧げたすべての人に

MISSION ECONOMY
A Moonshot Guide to Changing Capitalism
by Mariana Mazzucato

もくじ

第1部 世界の「今」を理解する

——次なるムーンショットに立ちはだかるものとは？

A MISSION GROUNDED

第1章 政府・企業・資本主義をつくり直す

第2章 危機に瀕した資本主義

第3章　新自由主義の間違い……48

第2部 ミッション・ポッシブル
――大きな夢を実現するために必要なこととは？
A MISSION POSSIBLE

第4章 いま、アポロ計画こそが

「最高の教訓」である……82

第3部　ミッションを実装する

——今、私たちが取り組むべき壮大な課題とは？

MISSIONS IN ACTION

第5章　課題起点のミッションマップをつくる……132

第4部 ミッション経済の時代がはじまる
——私たちの未来を問い直す
THE NEXT MISSION

第6章 理論と実践
——政治主導のあらたな経済の7原則

はじめに

この本を書いている今、新型コロナウイルスが世界中に広がり、あらゆる人が大きな危機に直面している。この危機を乗り越えるには、物理面でも社会面でも、モノとサービスに莫大な投資が必要だ。世界中の人々へのワクチンの供給、学校に通えない子どもたちへの適切なオンライン学習法、これまでにない社会のセーフティネットの構築など、幅広い領域への投資が必要だ。

また、国家、市民、政府、民間企業はこれまでよりはるかに力を合わせなければならない。コロナ危機は、国家の能力が測られる試金石であり、国内と国家間のガバナンスの良し悪しが問われるリトマス試験紙なのだ。

今、世界中の政府が、さまざまな方法でこの難局を乗り切ろうとしている。成功している国もあればそうでない国もある。成功の鍵はガバナンスにある。[1] 1国によって対策の量も質も異なるが、「すべてを注ぎ込む」勢いで多くの国が巨額の資金を投じている。

カネよりも「仕組み」が肝心

だが、2008年の金融危機から学んだことがあるとすれば、何兆ドルもの資金を注入しても、それを使う「仕組み」が弱いと、ほとんど効果がないということだ。そんな失敗を繰り返すわけにはいかない。

医療従事者に十分な防護具を生産できるか？　集中治療室の患者に行きわたるだけの人工呼吸器を供給できるか？　グローバルな集団免疫をつけるためにワクチン接種を展開できるか？　失業者を守り、最低限の衣食住と教育の権利を確保できるのか？

こうした問いへの答えは、経済の仕組みにかかっている。「いくらお金をかけられるか」だけが問題ではない。国と企業がいかに協働するか、その仕組みと能力と種類に左右されるのだ。

これまでとは違う新しい世界を思い描くビジョンも求められる。どんな成長を目指すのか、その実現にはどんなツールが必要なのかを想像することが経済の新しい方向性を決める。そして今まさに、新たな方向性が必要とされている。

ベトナムの新型コロナウイルス対策は、興味深い成功事例だ。ベトナムはまだ経済発展途上の「新興国」とされているが、政府主導で手ごろな値段の検査キットをすばやく開発することができた。それができたのは、共通の目標に向けてさまざまな部門（学界、軍、民間企業、市民社会）を動員し、政府の医療研究調達を戦略的に活用して革新的なソリューションを「クラウドソース」し、民間投資を呼び込んだからだ。[2] 官民のすぐれた連携のおかげで、検査キットが直ちに商品化され、ベトナム国内だけでなく、ヨーロッパをはじめ海外にも輸出することができた。ベトナム政府はアーティストを起用し、ソーシャルメディアをうまく活用し、スタンプをつくって行動変容をうながした。[3]

インド・ケララ州の対策も成功例として挙げられる（お粗末な国の対策と対照的だった）。これはケララ州が医療に長期的な投資を行い（２０１８年から２０１９年にかけてコロナウイルスと同じ人獣共通感染症のニパウイルスが流行した後に、仕組みが導入された）、州と民間の医療サービスがうまく連携したおかげだ。[4] 長年かけて築かれた市民からの信頼と、自助グループの支援を受けた政府は厳しい入国制限を迅速に導入しながら、移民労働者を含む社会の最下層の人たちを守ることができた。[5]

「外注」と「民営化」がすべてをダメにした

しかし、世界の多くの地域では、それほどうまくいっているわけではない。

この本を書き終えた時点で、アメリカとイギリスはどちらも問題を抱えている。それは40年にわたる政府管理機能の弱体化のツケとも言える。「政府は後ろに控えて、問題が発生したときにだけ介入すべきだ」という政治観が弱体化を招いたのだ。

政府の力をバカにして民営化を推し進めてきたために、政府機能の多くが民間に委託され、間違った効率性が導入された。政府にできることはほとんどなくなり、人工知能（ＡＩ）やスマートシティといった現実味のないテクノロジーに飛びついてしまうありさまだ。[6]

政府機能への投資が減ったことで、制度の記憶は失われ、コンサルティング会社への依存が高まり、莫大な金額がコンサルティング会社に流れている。

イギリス政府は、２０１８年だけで92億ポンド相当の医療契約を外注している。[7] 介護施設の総床数の84％以上を民間施設が占め、そのうち５万床は利益目的のプライベート・エクイティ企業が運営している。

そして、外注により公共投資は削られている。イギリスの医療助成金――地方自治体の医療や予防サービスの原資となる資金――の総額は着実に減っている。2015年から2016年には40億ポンドだったものが、2020年から2021年には32億ポンドと、8億ポンドも減少しているのだ。[8] ただし2020年は新型コロナウイルスの大流行で前年に比べると削減されなかったものの、2015年から2016年に比べるとひとりあたりの投資金額は実質22%減少している。[9] コロナが流行した時点ですでに地方自治体の公衆衛生管理能力は大きく損なわれており、コロナ対策もうまくいかなかった。[10]

つまるところ、「効率化」はただの掛け声にすぎない。イギリスでは、国際的コンサルティング会社のデロイトがコロナウイルス検査の運営を委託されたが、うまくいかなかった。2012年のロンドンオリンピックでも、警備を請け負った民間企業のG4Sは警備要員を集められず、軍が出動することになった。政府から大量の公共サービスを請け負っているセルコ社は、刑務所の電子監視装置を不正に使用したとして罰金を科せられた。[11] データ保護規則違反（研修生のメールアドレスを誤って公開してしまった）などで100万ポンド以上の罰金を科せられていたのに、わずか1年後には、4580万ポンドの検査追跡契約を獲得したのだ。莫大な外注費用をかけたこの検査追跡システムは失敗だったことが、下院の決算委員会で明らかにされている。[12]

アメリカ政府も似たような問題に苦しんでいる。連邦政府が緊急用の手ごろなポータブル人工呼吸器の開発計画を発表したのは2007年。だが13年後の2020年初めになっても、そんな製品は1台も開発できていない。これも、外注依存が大きな原因だ。新型コロナ危機は政府の能力不足をより際立たせてしまったのだ。

こうした問題は今にはじまったことではない。２０１０年にオバマ大統領が国民皆保険システム（いわゆるオバマケア）を立ち上げた際にも、みっともないＩＴの欠陥が明らかになっていた。多くの人がオバマケアのウェブサイトにアクセスできず、保険に申し込めなかった。マスコミはオバマケアを叩き、反対派はここぞとばかりに批判の矛先を政権に向けた。

もし、アメリカ政府がテクノロジーに強ければ、これほどひどいことにはならなかっただろうし、政権批判も少なかったかもしれない。しかも、アメリカ政府に雇われてオバマケアの保険申請手続きを管理していたのは、イギリスで何度も失敗していたあのセルコだったのだ。セルコは２０１３年に12億ドル、２０１８年には９億ドルもの契約をアメリカ政府と結んでいた。[13]

スポイルされた「政府の危機対応能力」

アウトソーシングそのものが悪いわけではない。政府に能力があり、リスクに備えて先を見通せていれば問題はない。また、政府と民間企業の協力関係が公共の利益を実現できるよう設計されていればいい。だが、アウトソーシングによって政府の能力が失われ、まともな契約の設計ができなくなっているのが現状だ。２０２０年３月には、アメリカ政府の失敗に呼応するように、イギリス政府もまた必要としていた数の人工呼吸器を確保することができなかった。[14]

ここから学べるのは、国に実行能力がなければ、危機において政府の介入は成功しないということだ。政府は生産、調達、公共の利益に資する官民協働、デジタルとデータの専門知識（プライバシーとセキュリティの保護も含めて）といった最重要領域で力をつけることに投資すべきである。市場の修正役に甘んじたり、外注に依存してはならないのだ。政府が力をつけなければ、パートナー企業と対等な立場に立てず、意のままに操られてしまいかねない。[15]

私たちは道を踏み外してしまったが、同じ過ちを繰り返してはならない。それがこの本で言いたいことだ。

資本主義をつくり直す時代がやってきた

世界は今、数々の難問に直面している。医療、温暖化危機、プライバシー保護のためのデジタル技術の管理問題。２０１５年には１９３カ国が、貧困から海洋汚染まで17項目にわたる国連の持続可能な開発目標（ＳＤＧｓ）に２０３０年までに取り組むという公約に署名している。公約を果たすには、これまでとはまったく違う官民のパートナーシップが必要だ。そして政府の役割と必要とされる能力を根本から見直さなければならない。

だが何よりも大切なのは、どんな資本主義を構築したいか、官民の関係をどう管理するか、そしてすべての人々が生き生きと暮らしながら地球を守っていけるようなルールと関係性と投資の仕組みをどうつくるかである。人と地球にとって本当に大切なことに目を向けた、課題解決型の経済を創造することがその答えになる。

お偉方（えらがた）たちが壮大な計画、つまり「ムーンショット」を誰かに命令すればいいという話ではない。必要なのは政府を内側から変革し、健康、教育、交通、環境などのシステムを強化し、経済に新たな方向性を与えることだ。

正しい道に戻るには、経済の中で政府が果たすべき役割は何かを問い、そのために必要な手段、仕組み、能力は何なのかを改めて自問しなければならない。官と民がリスクとリターンを分け合い、力を合わせてこの時代の喫緊の課題を解決しなければならないのだ。つまりそれは資本主義を問い直すことでもある。

では、さっそく取りかかろう。人々の命と地球の健康がこの挑戦にかかっているのだから。

A MISSION GROUNDED

第1部

世界の「今」を理解する

——次なるムーンショットに立ちはだかるものとは?

第1章 政府・企業・資本主義をつくり直す

なぜケネディはメリットの怪しいアポロ計画に賭けたのか

1962年9月、ジョン・F・ケネディ大統領はライス大学での有名な演説で、アメリカ政府は「人類がこれまでに着手した中で最も危険で困難で偉大な冒険に乗り出す」と発表した。[1] それは、月に人間を着陸させ、安全に帰還させること。それから7年後の1969年7月20日、アメリカはふたりの男性（そう、はじめは男性だけ）を月に着陸させたのである。

ケネディが演説をした当時、アメリカは宇宙技術においてソ連に後れをとっていた。ソ連は1957年に人工衛星スプートニクを打ち上げ、地球を周回して世界を驚かせ、1961年4月には、ユーリ・ガガーリンがカプセル「ボストーク1号」で人類初の地球周回を果たしたばかりだった。冷戦は緊張のきわみにあり、ソ連が技術的にも軍事的にもアメリカや西側諸国への深刻な脅威だと懸念する人は多かった。

ケネディは1960年の選挙戦で、アメリカとソ連のあいだには「ミサイル・ギャップ」があるとも主張していた。[2]ソ連の大陸間弾道ミサイルの数がアメリカよりも多いというCIAと国防総省の推定に基づく主張だが、実のところはアメリカの保有数のほうが多かったことがケネディの大統領就任後に判明していた。つまり、ソ連を打ち負かしたいという切実な欲が、人類史上最も革新的な偉業を生み出したのだ。

のちにアポロ計画として名を馳せたこの計画に、アメリカ政府は280億ドル（2020年の価値に置き換えると2830億ドル）の費用を投じる。[3]これは国家予算の4％を占め、米航空宇宙局（NASA）、大学、請負業者など、40万人以上がこの計画に関わった。金に糸目をつけず、とにかく計画を遂行し遂げることが優先されたわけだ。

ケネディ大統領自身もこの莫大な費用を大っぴらに宣言し、演説の中で「多大な費用と犠牲が必要になります」と明言していた。実際、宇宙予算は年々増え続け、1962年には年間約54億ドルに達することになると言う。とはいえ、「気が遠くなるような金額に聞こえますが、我々が毎年タバコや葉巻に使う金ほどではありません」。では、成功する保証は？　これだけ金をかけても成功は保証できない、とケネディは堂々と言っている。

「あくまで信念とビジョンに基づく計画だと思っています。この先にどんなメリットが待っているのか、今はわからないのですから」

ミッション遂行のためにすべてを注ぎ込む

これは、今の私たちが耳にする「公共サービスの費用」とは正反対の立場だ。今どき議論されるのは、毎年の赤字予算や国家債務への影響ばかりで、国家が成し遂げようとする夢や壮大な成果ではない。その前提になっているのは、ある分野で支出を増やせば別の分野では支出を減らさなければならないという考えだ。しかし、宇宙開発への取り組み方はこの考えとはまったく逆で、月面着陸という夢を実現するためにすべての人が力も心も注ぎ込み、必要な投資とイノベーションを実行するというものである。

ケネディは、この大胆なミッションが地球上の生き物に「波及効果」を及ぼすだろうこと、つまりあらかじめ予測できないテクノロジーや組織のイノベーションが生まれることを見通していた。データをリアルタイムで処理し、その処理を月着陸船の小型コンピュータに搭載するために開発されたテクノロジーは、まさに今、私たちがソフトウェアと呼んでいるイノベーションである。[4] また、大規模で複雑な問題を小分けに分割する新しい組織管理手法もここから生まれた。のちにボーイング社はこの手法をまねて、世界初のジャンボジェット機７４７を開発することになる。

巨大な課題に「ミッション志向」で挑め

この本で勧めているのは、現代が抱える大きな課題にこうした大胆で実験的な手法で臨むことだ。

感染症の世界的流行といった健康問題から、地球温暖化などの環境問題、またデジタル技術へのアクセスの不平等がもたらす学習機会と成果の格差といった教育問題。こうした「やっかいな」問題は、テクノロジーのイノベーションだけでなく、社会と組織と政治のイノベーションがなければ解決できない。これらの課題は巨大で、複雑で、単純な解決策では対抗できないのだ。

そんな問題にただ「対処」するだけではなく、本当に解決しようと思えば、「結果」を出すための政策立案に力を入れなければならない。そのためには、官民が真の意味で協力しながら解決策に向けて投資を実行し、長期的な視点を持ち、公共の利益が確実に担保できるようその過程を管理することが必要になる。

月面着陸は、大規模な課題解決の実験でもあった。政府が主導権を握り、中小企業から大企業まで多くの民間企業と密接に協力して、数え切れないほどの個別の課題に取り組んだ。それには、コンピュータや電子機器、栄養学や材料など、ありとあらゆる分野の民間企業との連携が欠かせなかった。政府はその購買力を活用し、短期のうちに明確できわめて大胆な調達契約を結んだ。また、民間企業が成果を出せない場合には、NASAが課題を差し戻し、解決できるまでお金を支払わなかった。一方、成果を出せた民間企業は、政府のお金で開拓された新しい市場に進出し、社会課題解決型の戦略を通して規模拡大を目指すことが可能になった。

すべての人が力を合わせ、ひとつの方向に向かっていく原動力になったのは、「自分たちは大きなミッションの一部だ」という気概だった。それは、政府が先頭に立ち、多くの人によって成し遂げられる壮大なミッションだった。

そんな**「ミッション志向」**の取り組み、つまり官民が手に手を取って重要な社会課題を解決する手法が今、切実に求められている。たとえば、都市部での犯罪から独(ひと)り暮らしの高齢者の孤独問題まで、さまざまな問題の解決に必要な社会的・組織的・技術的なイノベーションを、できる限り多く、公共部門の調達政策によってうながすといったことだ。

もちろん、月面着陸(ムーンショット)から得られた教訓をどんな課題にもそっくりそのまま使えるというわけではない。それでも、日々の政策立案に、大志とビジョンを蘇(よみがえ)らせる必要があることは確かだ。ただ大胆に宣言すればいいというものではない。私たちが公共部門を信頼し、その中核となる能力に投資する必要がある。その能力には、社会の中で価値を創造する人たちと連携し、公共の利益にかなう契約を設計することも含まれる。社会全体でうまくイノベーションが起きるような、効果的な接点をつくり出さなければならない。政策の立案方法を見直し、知的財産権の管理方法を変え、研究開発を利用して学界、政府、企業、市民社会に情報を分散させなければならない。

それはすなわち、政策の中に「人々のため」になる大義を取り戻すことで、市民のために目に見える恩恵を生み出し、人々が気にかけている目標を設定すること、つまり金銭より公共の利益を考えることである。[5]

それはまた、企業統治の中核に**「目的(パーパス)」**を据(す)え、株主だけではなく、従業員やコミュニティなど、すべてのステークホルダーのニーズを考慮することでもある。

ここでいう「ムーンショット」思考とは、経済のさまざまな産業と参加者にイノベーションのきっかけとなるような大胆で刺激的な目標を設定することを意味する。それはすなわち、より良い未来を想像し、その未来を実現するために官民の投資をうながすことでもある。これこそが、人類の月面着陸を可能にした原動力なのだ。

とはいえ、もちろんこれは簡単なことではない。

官民の関係を「パーパス」でつくり直す

巷では、「政府機関はイノベーションなど起こせないガタのきたお役所組織だ」という見方が一般的だ。官僚はシリコンバレーの起業家と違って機転がきかずリスクも取れないし、政府はせいぜい機会の平等を担保したらあとは邪魔にならないようとっとと退散して、民間企業にやりたいようにやらせるべきだと思われている。

この本で言いたいのは、そんな狭い了見を捨てない限り、今、経済が直面している重要な課題を解決することはできないということだ。

この本で紹介するミッション思考が、このところの資本主義を立て直すのに間違いなく役に立つ。大規模な改革の実現に必要なのは、これまでにない政治経済の筋書きであり、新しい共有言語だ。その土台になるのは、公共の「パーパス」が政策や企業活動を主導するという考え方である。[6]そこには志が欠かせない。持続可能で公正な社会を担保できるように、官民の契約形態と関係性と広報を変えなければならない。

しかも、できるだけインクルーシブ（あらゆる人を受け入れる）な、多くの価値創造者を巻き込むプロセスが必要になる。価値創造と価値分配が強く結びつくよう、みんなのために富を創造することが、公共の「パーパス」の核になければならない。

また、ここで言う価値分配とは、富が創造された後のいわゆる「再分配」だけでなく、事前の分配でもあるべきだ。すなわち、すべての経済活動の参加者が、共生的に関わり、力を合わせ、共有することが必要になる。

さらには、理想とするマクロな経済成長のイメージが、たとえば組織統治手法といったミクロ要素と結びついていることも欠かせない。公共部門と民間部門の関係を、公共の「パーパス」に沿ってより良くつくり変えていくことで、よりバランスのとれたしなやかな成長を実現し、新たな能力と機会を経済全体に広めることができる。

だが、そのためにはまず、「官民協働（パートナーシップ）」という手あかのついた流行（はや）り言葉を明確な指標に置き換え、共生的で相互主義的なエコシステムとはどのようなものか、つまりリスクとリターンをより平等に分かち合う社会とはどのようなものかを定義しなければならない。

残念ながら、今の時代はこの関係が寄生的なものであることが多い。たとえば、公的な資金で開発された医薬品は高すぎて一般市民には手が届かないような構造になっている。

「つくりたい社会の姿」から逆算してすべてを決める

このような従来とは異なるやり方を、私は「ミッション志向」アプローチと呼んでいる。それは、経済のゆくえを決め、そこに到達するために解決しなければならない課題を中心に据えて経済システムを設計するということだ。つまり、企業と市民の両方を巻き込みながら、経済におけるさまざまな参加者のあいだで、投資、イノベーション、コラボレーションをうながす政策を設計することだ。

またそれは、解決すべき市場の問題は何かではなく、私たちがそもそもどのような市場を望むのかを自問することだ。融資や助成金や調達などの手段を使って、海のプラスチックゴミを処理したりデジタル格差を解消するなど特定の課題解決に最も効くソリューションを推し進めることだ。

そこで「予算がどれだけあり、それで何ができるのか?」と問うのは間違いである。自問すべきは、「何を成すべきか、どう予算を組んだらその目標が達成できるか」ということだ。

これをやるのは大変だ。私たちが生きている今の時代、資本主義は危機に瀕し、政府の役割について間違ったイデオロギーが浸透している。政府にできることは少なく、ほかの参加者が政府と力を合わせてもできることは限られているという考え方が大勢を占めている。

しかし、危機の時代こそ、どのような社会を築きたいのかをもう一度問い直し、そのために必要な技術や能力を考え直す絶好の機会なのだ。

では、この本は、政府をつくり直すためのものか、あるいは資本主義をつくり直すためのものか?

答えはその両方だ。

資本主義を変えるということは、政府のあり方、ビジネスのあり方、そして官と民の組織の関係性を変えることにほかならない。「パーパス」という概念によって、組織の統治構造や組織間の関係を導くことが、ミッション志向アプローチの鍵になる。

なぜブラックロックCEOたちの呼びかけは響かないのか

実際、もうかなり以前から企業統治のあり方をより「パーパス志向」にし、株主資本主義からステークホルダー資本主義へと移行することが求められるようになっている。

2018年1月、世界最大の資産運用会社ブラックロックのCEOであるラリー・フィンクは、500人の企業経営者に向けて「パーパス意識」という手紙を書いた。その中で、彼はこう主張している。

「官民問わず、パーパス意識がなければその可能性を最大限に発揮することはできません。そのうちに主要なステークホルダーからそっぽを向かれて立ち行かなくなるはずです。短期的な利益配分の圧力に屈し、その過程で長期成長に欠かせない従業員への投資も、イノベーションも設備投資も怠ることになるでしょう」[7]

1年半後の2019年8月、アップルやアクセンチュア、JPモルガン・チェースなど180人の有力なCEOが参加する「ビジネス・ラウンドテーブル」が同じ声明を出した。この声明は、より良い資本主義をはぐくむためには、従業員やコミュニティを含むすべてのステークホルダーに、より幅広く利益が分配されなければならないと主張する。[8]

ただし問題は、変化を求める呼びかけはあっても、変化がほとんど起きていないことだ。

必要な変革が単なる後づけでしかなく、ビジネスモデルやバリューチェーンの中核に置かれていないことも一因だが、新たな「パーパス」意識が、企業内だけでなく、経済全体における組織間の関係の中心に位置していないことが原因でもある。

変化というものは、経済におけるさまざまな組織や参加者がどのように価値を共創するかを考え直すことから生まれる。

たしかにこの本は、公的機関に今すぐ必要な変革に焦点をあわせている。ただし、政府の活動——直接投資、間接的な補助金、税金や規制など——は、ほぼすべての組織関係の中心にあるため、政府をつくり直すことは、資本主義をつくり直すことにほかならない。

この本は、理論家にも実務家にも向けて書いたものだが、とくに、これまでと違う資本主義の「やり方」の手引書になることを狙っている。パーパス志向の経済をつくるために必要なツール、つまり組織と統治構造と経済政策の設計を変えるべきだというのが、この本の主張である。

第２章 危機に瀕した資本主義

行き詰まる資本主義

２０２０年に新型コロナウイルスが世界中で猛威をふるう以前から、資本主義は行き詰まっていた。今も昔も、数多くの問題に資本主義は答えられていないし、何より環境危機に対して何の答えも持ち合わせてこなかった。

人間の活動が、地球温暖化から生物多様性の破壊まで、社会と環境の安定に必要な条件を毀損している。[1] 現状の環境保全策では、地球の表面温度は産業革命以前に比べて３度以上上がることになる。これは一般に、壊滅的な結果をもたらすと言われるほどの上昇だ。[2] 種の絶滅率は、通常の１００倍から１０００倍にも達し、今が６度目の大量絶滅期だと言う科学者もいるほどだ。[3]

資本主義システムは、持続可能な成長の路をたどるかわりに、投機バブルを生み出し、すでに莫大な富を持つ1％の金持ちをさらに裕福にし、地球を破壊してきた。欧米諸国や欧米型の資本主義経済では、一部の人を除いて、実質所得が10年以上にわたってほとんど上がっておらず、アメリカのように数十年にわたって上がっていないケースもある。また雇用は高水準でも地域や集団の中での格差は拡大している。[4]

賃金に対する利益率が過去最高に達しているのは、この格差の拡大によるものだ。１９９５年から２０１３年にかけて、経済協力開発機構（ＯＥＣＤ）加盟国の労働生産性は１・５％伸びたのに対して、実質賃金の中央値は年平均０・８％の伸びにとどまっている。[5]また、１９７９年から２０１８年のあいだ、賃金分布における下位５割と下位１割の人々の実質賃金は、ほぼ頭打ちになっている。その期間に下位５割の人々の実質賃金は累積で６・１％伸び、下位１割では１・６％しか伸びていない。それに対して、上位１割では３７・６％も伸びていた。豊かな国では、所得に対する個人資産の割合が、１９７０年の２００～３００％から２０１０年には４００～６００％にまで上がった。[6]

２００８年以降、豊かな国はさらに、量的緩和という麻薬にどっぷりと浸かってきた。中央銀行が大量の流動性を金融システムに注入したものの、経済成長と生産性の向上は弱いままである。[7]個人負債も、今世紀初頭の水準に戻った。２０１８年には民間債務の対ＧＤＰ比率は、アメリカで１５０％、イギリスでは１７０％、フランスでは２００％、中国では２０７％に達した。いずれも世紀の変わり目よりはるかに高い。[8]

しかも、民間企業の多くは、低水準の設備投資、短期的な経営、株主や経営陣への高額報酬が組み合わさった危険な病に冒（おか）されている。[9]先進国において、事業投資額は２００８年の水準に遠く及んでいない[10]。1980年代のイギリスでは、CEOの報酬は、平均的な従業員の20倍が普通だった。2016年、ロンドン証券取引所に上場している時価総額上位100社のCEOの報酬は、平均的な従業員の129倍に達していた[11]。1980年以降、イギリスの配当性向は、収益性にかかわらず一定である。自社株買いもますます増加し、この10年はずっと、イギリスの株式発行額を上回っている。アメリカでは、株主への配当総額が金融危機以前のピークである1兆ドル近くに達し、1970年代に内部キャッシュフローの約10%だった配当が、2015年には60%にまで増えた[12]。

独裁的な国家資本主義社会でもまた、難しい問題に直面している。現在、独裁経済の代表格である中国は、非効率で多額の負債を抱えた国営産業、莫大な不良債権を抱える銀行システム、高齢化、そして過度の輸出依存から抜け出して国内消費を拡大させる大転換が成長の足かせになっている。とはいえ、そんな中でも中国は進歩を遂げ、大胆な環境対策に本気で取り組み、5カ年計画の一環として1兆7000億ドル以上の投資を行っている。しかし、中央計画経済のモデルでは、この本が理想とするような官民連携の大胆な改革を行うことは難しいだろう。

コロナ危機であらわになった資本主義のもろさ

コロナ危機もまた、資本主義がいかにもろいかをあらわにした。

ギグ・エコノミーで働く人には社会保障がない。莫大な企業債務は、配当金の支払いや自社株の買い戻しに使われ間接的に経営陣の報酬を増やすことにつながった一方で、いざという時の備えを失った企業も少なくない。感染症の世界的な流行によって生産が中断しマスクなどの必需品まで激しい取り合いになると、これまでコスト削減と現場の従業員の交渉力を削ぐことを目的にグローバルなサプライチェーンに依存してきた戦略が、むしろ弱点となった。

また、イギリスやアメリカをはじめとする一部の政府は、その能力の多くを民間企業やコンサルティング会社に委託してきたため、危機を適切に管理することができなかった。政府は医療用防護具にも事欠き、国民に満足な検査もできないという、最悪の事態におちいった[13]。これまで緊縮財政を貫いてきた政府が突然、公共支出に引き寄せられて、国の経済存続のためなら手段を選ばないとばかりに、かつての政治信条に180度反する莫大な債務と赤字をつくり出したのは、なにより皮肉なことだった。

コロナ対策として政府が引き起こした需要と供給の激減というダブルの打撃を受けて、サッチャー・レーガン型の経済社会モデルは崩壊し、世界経済は歴史上まれにみる大不況からやっとのことで浮上しつつある状況だ（イギリスのGDPは2020年に10％減少した。記録的な減少幅だった）。

世界経済の減速は、とりわけ新興国の人々や、先進国でも低所得者層を直撃し、数十年にわたって高まってきた社会的・政治的緊張をさらに悪化させている。借金を抱え、ひと月分の家賃の蓄えさえなく、生活に不安を抱える人はあまりにも多い[14]。世界最大の経済大国で、かつては労働者階級が繁栄の代名詞だったアメリカでさえ、成人の3分の1近くが借金をするか何かを売るかしなければ400ドルの予期せぬ出費さえまかなえないと言われている[15]。

労使関係についても、労働者から雇用者へと力が移っている。たとえば、多国籍大企業のウーバーとドライバーとの関係は、会社ではなく従業員がリスクを負うように意図的に設計されている。そのほかのコスト削減の打ち手とも相まって、従業員の交渉力は低下し、この10年間で賃金に対する利益率は史上最高の水準になっている。[16] ゼロ時間契約で食いつなぐ人もいる。定職があっても、福祉に頼らざるをえない人も多い。[17] それなのに、コロナ危機で社会が誰よりも頼りにしたのは、そうした低賃金の忘れられた人たち、つまりゴミ収集人や郵便局員や病院の清掃員、介護士、バスの運転手などであって、企業経営者や金融人やタックスヘイブンの住人ではなかった。

長年続いてきた政治的な溝も深まっている。ナショナリズム対国際協調主義、民主主義対独裁主義、「大きな政府」対「小さな政府」もしかりである。不公平感、無力感、エリート（とくにビジネスエリートと政治エリート）への根深い不信感が、民主制度への信頼をむしばんでいる。第二次世界大戦後に苦労のすえ築かれたグローバルな多国間協調制度と、その象徴であるリベラルで開かれた多様な価値観は、かつてない批判にさらされている。一国家の救済が国際協力よりも優先されるようになり、いわゆる「強い男たち」、デマゴーグ、独裁的な政権がポピュリズムの潮流に乗り恐怖を逆手（さかて）に取っている。その上、各国政府は、気候変動危機への対応を先延ばしにし続けてきた。

もっとやれることがあるはずだ。

だがそのためにはまず、なぜこんな泥沼にハマってしまったのかをきちんと理解しなければならない。

問題の根っこを解きほぐす

この難題がどれほど巨大なものかを本当に把握しようと思ったら、先ほど語った多くの課題の背景にはより根深い原因があり、それが資本主義の機能不全を招いていることを理解する必要がある。

問題の根っこにある原因は、少なくとも４つ。

（１）内輪でお金を回しあう金融業界
（２）「株主価値の最大化」に奔走する民間企業
（３）気候変動危機
（４）「対処」するだけの政府

いずれの場合にも組織の構造や組織どうしの関係性が問題の一部にある。したがって、その立て直しが解決策の一部になることは間違いない。

根っこ①　内輪でお金を回しあう金融業界

まず問題なのは、金融業界の資金調達がほぼ業界内で完結しているということだ。金融が生み出すほとんどの資金は、何かを生産するためではなく、金融、保険、不動産業界に戻されている。頭文字をとってＦＩＲＥ（金融（ファイナンス）、保険（インシュランス）、不動産（リアルエステート））と呼ばれるが、これは長期的な経済成長の基盤を燃やしているという意味でピッタリの呼び名だろう。

アメリカとイギリスでは、生産的な経済活動（企業によるイノベーションや、建設が必要なインフラなど）に使われる資金は金融全体の約５分の１にすぎない。イギリスでは、銀行による融資のうち非金融企業に使われるのは１割にすぎず、残りは不動産や金融資産が融資対象だ。[18]１９７０年には、先進国の銀行融資のうち不動産融資が占める割合は約35％だったが、２００７年には約６割にまで上がっている。[19]つまり今の金融業界は借金漬けのシステムと投機バブルが起きやすくなる構造なのだ。

そしてバブルが崩壊すれば、銀行やほかの金融機関は政府に救済を乞うのがお決まりになっている。もちろん、「大きすぎてつぶせない」と見なされる金融機関もある。２００８年から２００９年にかけての金融危機で救済された銀行がそうだった。もしつぶれれば、システム全体が崩壊すると思われたからだ。だから銀行は救われた。金融業界のもうけは彼らが独り占めする。だが、損をすれば国民が負担するというわけだ。

だから、銀行の救済は、「モラルハザード」を引き起こす。「大きすぎてつぶせない」という判断は生き延びることを政府が保証するという暗黙の了解にほかならない。間違ったことをしても責任を取らなくていいのなら、過剰なリスクを取りがちになるのは仕方のないことだ。

根っこ②　「株主価値の最大化」に奔走する民間企業

もうひとつの問題は、ビジネスそのものが金融化されてきたことだ。ここ数十年にわたって、金融業界は経済を上回るペースで成長しており、金融以外の産業でも金融事業と金融的な考え方が支配的になっている。企業収益のうち、目先の株価吊り上げに使われる資金はかつてないほど増え、新規の設備投資や研究開発、従業員研修といった長期的な投資に向かわなくなっている。スキル開発はおろそかにされたまま、多くの仕事が「マクドナルドのバイト」と変わらず不安定で、賃金も上がらない。[20]実のところ、アメリカやイギリスで民間債務が膨張している理由のひとつは、労働者の多くが生活を維持するために借金を抱えなくてはならず、稼ぎが少ないために借金の返済もままならないからだ。

その背景にあるのは、すべてのステークホルダーではなく株主利益の最大化を目指す資本主義のあり方である。[21]残念なことに、北欧でも同じ問題がさらに悪化している。金融の規制緩和によって民間債務が増加し（自宅を担保にした借金による消費も一因だ）、金融業界への過剰投資が起きている。[22]

企業は自社株買いによって、株価を人為的に上げられるし、株式に連動する経営陣の報酬も上がる。２０１９年までのわずか10年間で、フォーチュン５００社（フォーチュン誌が毎年まとめているアメリカの売上上位５００社リスト）による自社株買いの総額は約４兆ドルを超えた。純利益を超える金額を自社株買いと配当金支払いに費やしていることも少なくない。この同じ期間に、アメリカの大手航空会社6社は平均でフリーキャッシュフローの96％を自社株買いに費やし、航空機メーカーのボーイングは74％を自社株買いに費やしていた。それなのに、コロナ危機で打撃を受けるといち早く連邦政府に助けを求めたのだ[23]。

「投資機会がない」というのが、彼らのいつもの言い訳だ。しかし、医薬品やエネルギーなど、投資機会が明らかにあるはずの産業で自社株買いが最も多いことを考えると、この言い訳は納得できない。途上国の貧しい人々を直撃する熱帯病の治療や抗生物質の開発機会は本当にないのだろうか？　ワクチンは言わずもがなだろう（コロナの流行で、まさにこれが目の前の課題になった）。あるいは航空機メーカーが再生可能エネルギーやその他の環境テクノロジーに投資する機会は本当にないのだろうか？

根っこにある問題は「株主価値の最大化」にこだわる企業統治のあり方だ。アメリカを代表する大企業、ゼネラル・エレクトリックのＣＥＯを務めた故ジャック・ウェルチも、晩年には株主価値を「とんでもなくバカバカしい概念」と呼んでいた。

「株主価値は結果でしかなく、戦略ではない。……大切なのは従業員、顧客、そしてプロダクトだ。経営陣や投資家は、株価の上昇を唯一の目標にすべきではない。短期利益は企業の長期的な価値の向上と結びついていなければならない[24]」

現実には、株主価値の最大化を題目に、多くの企業は借金漬けになってきた。債務比率を上げることが効率的な資本政策だとされているからだ。そのためパンデミックや不景気といった予期せぬ出来事が起きると、会社がもたなくなる。

たとえば、２０１７年にはアメリカで小売業が大幅に落ち込んだ。老舗のトイザらスは清算に追い込まれた。当時トイザらスを所有していたのは、2005年にこの会社を買収したベイン・キャピタルとコールバーグ・クラビス・ロバーツというふたつのプライベート・エクイティ企業と、ボルネード・リアルティ・トラストという不動産会社だった。彼らは、プライベート・エクイティの常套手段である、思いきり負債を背負わせてリターンを上げる手法でトイザらスを買っていた。[25] 買収後すぐ、トイザらスの負債額は18億6000万ドルから50億ドル近くに膨れ上がった。2007年には、支払い金利が営業利益の97%にものぼっていた。その後、小売業が深刻な不振に見舞われる一方で、多額の債務負担のせいでトイザらスは身動きが取れず、不況の前になすすべがなかった。[26]

企業の過剰な金融化と心ない株主価値の追求によって、ほかの多くの有名企業も同様のモラルハザードにおちいった。手の込んだ財務構造で得をするのは所有者であって、従業員やサプライヤーや顧客といったほかのステークホルダーは二の次になる。ましてや、企業活動のもとになる、より広いコミュニティも得をしない。

根っこ③　気候変動危機

3つ目は、ほかのさまざまな課題に先んじて今すぐに解決が必要な問題、すなわち地球上の人間、動物、植物の命に劇的な影響を与える「気候変動危機」だ。

2019年の気候変動に関する政府間パネル（IPCC）の報告書では、あと10年のうちに対処しなければ取り返しのつかないことになると言っている。[27] コロナの世界的流行で、今の環境とそれに依存する経済システムのもろさが、一層明らかになった。

気候変動危機のそもそもの原因は、金融と産業が引き起こした４つの問題にある。すなわち、化石燃料がいまだにおもなエネルギー源であること、炭素を排出しなければ産業が成り立たないこと、金融業界が化石燃料主導の経済を援助してきたこと、そして政府がこの機能不全をさらに助長していることだ。

ありえないことに、２０１９年には化石燃料企業への補助金がアメリカでは年間２００億ドル、欧州連合（ＥＵ）では年間５５０億ユーロという莫大な額にのぼったと言われる。[28] G20各国政府がエネルギー企業に割り当てたコロナ復興資金のうち56％、つまり１５１０億ドル（１１９０億ポンド）が化石燃料プロジェクトに渡った。[29] しかも、環境にかかわるもうひとつの深刻な危機である動植物の大量絶滅の問題には、何の手も打たれていない。

根っこ④ 「対処」するだけの政府

こうした問題を解決するには、政府が先手を打って対応するしか道はない。すると４つ目の問題が出てくる。それは、「政府の役割とは起きた問題に対処することであって、大胆な目標を成し遂げることではない」というイデオロギーに、政府自身がとらわれていることだ。

今の経済理論の主流は、官の役割を「社会を創造し形づくるもの」とは見ていない。市場の役割についてもまた、社会を形づくるために必要なパーパスを支えるものとは見ていない。むしろ、市場とは個人の利益追求本能によって機能し、参加者それぞれが自身の目的を達成しようとすることでうまくいくと思われている。資本主義はこの市場を通して機能するというのが今のイデオロギーだ。消費者は一番自分の得になることをし、労働者は仕事と遊びの一番いいバランスを選び、企業は利益を最大化するというわけだ。そのうえで、個人の意思決定が「効率のいい」結果を生み出さない場合に、政府が介入すべきだとされている。ここで「正の外部性」（基礎研究など）または「負の外部性」（大気汚染など）を修正するのが政府の役割だと見られているわけだ。

この本では、市場は個々の意思決定の結果ではなく、政府を含む価値創造者がどう関わりあい管理されるかによって決まると言いたい。つまり、市場には、組織行動、相互作用、制度設計に影響を与えるルールと規範と契約が「組み込まれて」いる。[30] だから政府は、問題が起きたあとに応急手当てをするのではなく、参加者と共に市場を形づくることで社会に必要な成果をもたらさなければならない。政府は、経済の方向性を先導し、「最初に頼れる投資家」としてリスクを取らなければならない。政府には市場を形づくる力があるし、その義務がある。それでこそパーパスが果たされる。

多少は政府もこうしたことを行ってはいるものの、まだバラバラで少しずつ始まったばかりだ。ルール整備をすればいいというものではない。規制緩和もまた、ある方向性を与えることになる。大切なのは、パーパスを持った方向性をはっきりと示すようなツールをどう設計するかということだ。

政府の行動の多くは市場をうまく機能させることにつながる。教育、研究、物理的インフラといった領域に投資することで市場を創造したり形成したりもできる。調達を通して需要も生み出せる。法制度、独占禁止政策もしかりだ。この意味で、市場は制度や規範に組み込まれており、官民両部門のさまざまな参加者や労働組合などの市民社会組織によって共創されるものだ。それなのに、こうした役割を否定したり（たとえば、銀行は政府保証に頼って経営が成り立っていることを認めたがらない）、そんな役割を負うべきではないと言い張るのが、今主流のイデオロギーなのだ。

その結果、政府は何か問題が起きたときに対処するだけで、創意工夫で市民の日常生活をより良くすることには力を注げない。むしろ、「政府は改善や創造性とは無縁で、ノロく堅苦しいものだ」と思われている。いみじくもオバマ大統領が２０１２年１月に言った通り、今の政府のあり方は21世紀にそぐわない。というのも、組織構造など政府内のおもなイノベーションはほぼ、白黒テレビ時代に起きたものだ[31]。オバマ大統領の望みは、グローバル競争の時代にアメリカ経済の下支えとなるよう、連邦政府をムダのない組織にすることだった。

官僚がイノベーションを起こせない一因は、何かがうまくいかないときに応急処置以上のことをするのが怖いからだ。ロナルド・レーガンは、それをこんな風に揶揄（やゆ）している。

「何より聞きたくない言葉は、『役所の者です。お助けに来ました』だ[32]」

レーガンの言葉は、政府は足手まといにしかならないという暗示を世の中にかけてしまい、それが現実のものになった。政府はボロボロのシステムにあちこちつぎあてのような応急処置をほどこすだけで、新しいものを生み出すことはできず、自ら価値を創造する力を次第に失っている。つぎあてといってもその規模は大きく、金融機関の救済から、民間が資金投入をしたがらない分野への投資まで幅広い。たとえば大気汚染対策や新しい知識への投資といった「公共財」への支出でさえ、本物のパーパスというよりむしろ、市場修正と位置づけられる。

「大きな政府」か「小さな政府」かが問題なのではない。問題は、政府のあり方、つまり何をどのように行うかなのだ。

すべては私たちの「選択」の結果だ

私たちが今直面している難題は、いずれも避けられないものではない。どうシステムを統治するかを私たちが選択してきた結果が今なのだ。

金融セクターが実体経済に投資しないことも、短期利益を追求することも、決して必然ではない。私たち自身が金融業界のそうした行為に報いてきたまでだ。[33] たとえば、キャピタルゲインを減税し、法人の支払い利息を損金参入させ、同一グループで投資銀行とリテール銀行を運営することを許し、法人業務の規制を緩和してきた。

また同じように、金融化されすぎた企業が、目先のことしか考えないのも必然ではない。役所がいつも後手に回るのもまた、当たり前ではない。地球がこのまま温暖化を続け、人間や動植物にとってますます過酷な環境になっていくことも、必然ではない。

これらは、私たちみんなの選択にほかならない。民間企業に別のやり方を要求してこなかったのは、私たちだ。これまでたとえば、アメリカでは医療イノベーションに年間400億ドルの公費が投じられているのに、多額の公共投資を受けている民間企業にさえ、公共目的にかなう条件を求めてこなかった。きれいな空気、しっかりした公衆衛生のシステム、企業への規制、地球の健康といった有権者の関心事に、官はほとんど目を向けてこなかった。

政府の役割を変えれば「経済」が良くなる

これを根こそぎ変えるべきなのは、火を見るよりも明らかだ。だが、変革を起こすには、まったく新しい見方で問題を見る必要がある。全力で政府の役割を見直さなければ、経済全体の改善はうながせない。理由はひとつ。経済組織の統治のし方や関係構築のやり方、経済主体と市民社会の関わり方をつくり直せるほどに、大規模な変革を導く力を持っているのは政府だけだからだ。

もちろんコーポレート・ガバナンスの見直しも重要な課題だ。企業は株主価値の最大化だけに目を向けるのではなく、さまざまなステークホルダーが導く形にならなければいけない。そんな変革をもたらそうと思えば、これまでの「企業の社会的責任（CSR）」では足りない。そもそもどんな価値を生み出すべきか、それを生み出すにはバリューチェーン全体がどう力を合わせたらいいのかをはっきりさせなければならない。

政府と企業の両方が新たな存在意義（パーパス）を掲げて、新しい形で協働することが求められる。たとえば、サステナビリティ目標の達成に貢献しているような企業に、政府が報いることもできるだろう。ＥＳＧ（環境・社会・ガバナンス）のメトリックといった企業統治の手法を変えるだけでは、こうした目標に取り組むことはできない。そのためには、企業と政府の関係を根本的に変える必要がある。たとえば、企業が環境の目標達成を条件に公的補助金を受けられるようにすれば、契約と相互関係にも「パーパス」が組み込まれるはずだ。

ミッション経済の時代

ミッション志向経済とはまさしく、大胆な成果を実現するために、政府が内側からどう変化しなければならないか、また、ほかの参加者との関わりをどう変えることが必要かを問うものだ。税制や財政政策、金融政策といった政策は、道しるべを失っているのが現状だ。産業の非金融化や持続可能な社会を目指す、システム全体の方向性がない。税制その他の手段を通してコスト構造を変革し、廃棄物を削減したり材料やエネルギー使用や大気汚染を減らすための投資を促進しようともしていない。

環境に悪いことには重い税を課し、環境にいいことを優遇すればいいのでは？　キャピタルゲインが労働所得より税率が低いのはなぜ？　長期投資が短期投資よりかならず割に合うわけでないのはどうしてだろう？[34]　新しい福祉国家を設計し直し、デジタル技術が生み出す新たな環境に対応しないのはなぜなのか？　今のところはっきりした方向性がない。市場に勝手に行く道を決めさせるのは、方向性とは言えない。

正しい方向性が政策に組み込まれ、経済全体のイノベーションと投資行動に相乗効果をもたらすようになっても、政府にはまだやるべきことが多くある。政府自体ががらりと姿を変えてイノベーティブな組織となり、パーパス志向の経済をうながすような力と能力を持つ必要がある。

その第一歩は、なぜ政府が行き詰まってしまったのかを正確に突きとめて原因を明らかにすることだ。まず、悪い政策の根底にある思い込みを知り、どうしたら前進できるかを理解しなければ、良い政策をつくることはできない。

第３章

新自由主義の間違い

政府の役割は「救済」「再配分」ではない

１９８０年代以降、官僚は民間部門の補佐役以上の仕事を恐れ、リスクを避けるようになった。リスクテイクは官僚の仕事ではない、とされてしまったのだ。実際、政府は投資下手で、変化の方向性を決めるべきではなく、ましてや「勝ち組を選ぶ」などもってのほかだという意見が一般的だ。

金融危機の際も、このところでは感染症危機の際にも、政府は多額の支出を行って経済を維持してきたというのに、サッチャー・レーガン時代に定着した新自由主義の影響はいまだに大きく、政府は融通（ゆうずう）のきかない官僚組織であって、富を生み出す民間の欲深さを抑えるだけの機械だと思われている。その実、何度となく民間部門が救済されたことは忘れられているようだ。

こうした政府についての間違った理論は、間違った政策につながり、さまざまな理由からミッション志向の取り組みを妨げてきた。これまでは、救済にしろ、再配分にしろ、尻ぬぐいが政府の役割だとされてきた。社会がよりしなやかでインクルーシブで持続可能になるように、これまでとは違う形で富を生み出し、経済を形づくることは、政府の仕事だとは思われていない。

こうした理論と実践のつながりを、偉大な経済学者のジョン・メイナード・ケインズは次のように語っていた。

「どんな理論とも無縁だと思い込んでいる実務家はたいてい、忘れられた経済学者の奴隷である。権力の座にあるイカれた連中は、過去の学者の走り書きから思いついたことを、さも自分で考えたように狂信しているだけだ」

ここからは、政府についてみんなが勘違いしている5つの思い込みを暴き、なぜそれがミッション志向のアプローチで資本主義を変えることへの障害になるのかを説明しよう。

思い込み① 「価値を生み出し、リスクをとるのは企業だけ」

巷の根強い思い込みであるばかりか、経済理論の根底にもあるのが「企業こそが価値を創造する」という前提だ。政府の仕事は、ゲームのルールを決め、規制し、再分配し、市場の失敗を直すことだと思われている。2008年の金融危機で中央銀行が金融システムの崩壊を防いだことは脇に置かれて、中央銀行は単なる「最後の貸し手」と見る理論が一般的だ。

その結果、多くの分野で公的機関は自信を失い行動できなくなった。しかも、行動する能力まで失っている。官は価値を創造しないと見なされ、役所の「経営戦略」や「意思決定科学」や「組織行動」といった能力に投資する必要もないと思われている。だが、大学（決して効率の良さでは手本にならない）でさえ、管理職にはこうした科目を教えている。

しかも、公的機関は自ら企業と組んで社会課題を解決しようとはせず、むしろ公共事業の民営化や外注を進めてきた。民間企業のほうが効率がいいと誤解して、節約になると期待しているわけだ。だが実のところ企業の目的は利益追求なので、節約になるどころか、費用はかさみ、サービスは悪く、少数の企業が契約を独り占めすることになり、民間企業にリスクを負わせたつもりが結局納税者に負担を負わせ、一部の企業が儲けてリスクは社会が負うことになる。

この思い込みの裏にあるのが「価値を生み出せるのは企業だけ」という考えだ。すると、リスクを取って利益を追求する起業家だけが、税収を生み出して国を助け、技術革新を推し進め、雇用を生むのだから、社会の中で特別扱いされて当然だという考え方になる。

とはいえ、ことはそれほど単純ではない。

民間企業がどう価値を生み出すかは、ミクロ経済学やビジネス書でも広く分析されている。もちろん、企業が価値を創造し、利益を追求するのは当然で、自由にそうするべきだ。ただし問題は、どのようにそれが生み出されるかだ。これが経済学で「生産関数」と呼ばれるもので、資本（機械などの有形財と知識などの無形財）と労働力と技術を組み合わせて、企業内でどう価値が創造されるかがここからわかる（価値のミクロ経済学的理論）。[2]経営学では、経営力と戦略的思考と従業員間の流動的な（状況に応じて変化する）分業を融合させることで、価値が創造されることになっている。[3]

シリコンバレーは国家のハイリスク投資の産物

この理論では、価値創造とそのためのリスクテイクに政府が大きな役割を果たせることが、まったく考えられていない。

私は、『企業家としての国家』（薬事日報社）の中で、シリコンバレーこそ、国家によるハイリスク投資のたまものだと言った。[4] 民間部門が尻込みするようなリスクの高いテクノロジーの開発に初期の段階で投資したのは、国にほかならない。

インターネットの誕生につながった投資を行ったのは、国防総省内の国防高等研究計画局（ＤＡＲＰＡ）であり、ワールド・ワイド・ウェブの発明の母は欧州原子核研究機構（ＣＥＲＮ）である。

インターネットだけでなく、いわゆるスマート製品のもとになる技術のほとんどは、公的機関の資金によって生まれたものだ。ＧＰＳはアメリカ海軍の資金で開発され、ＳｉｒｉはＤＡＲＰＡの資金によるものであり、タッチスクリーンディスプレイのはじめの開発資金はＣＩＡが提供している。

創薬分野でも米国立衛生研究所（ＮＩＨ）のような公的機関がハイリスクな初期投資を行っている。これがなければ、ほとんどのブロックバスターは生まれていない。

民間の金融機関がリスクを回避し短期リターンを求める中で、再生可能エネルギーもまた、欧州投資銀行やドイツ復興金融公庫といった公的金融機関の資金に助けられてきた。[5]

需要創出の面でも、アメリカ商務省にある中小企業革新研究プログラム（ＳＢＩＲ）のような組織が、公的予算（予算の３％）を使って中小企業の製品やサービスを調達することで、市場を創り出している。

世界を見回すと、イノベーションのプロセスにおいて公的機関は欠かせない存在となってきており、そこからいわゆるイノベーション大国も生まれている。台湾では工業技術研究院、イスラエルでは科学技術庁、日本では経済産業省、シンガポールでは科学技術庁が大きな役割を果たしている。[6]とりわけ韓国は国をあげた電子機器の開発に成功した。まず１９７０年代に安い組立工場を探していたアメリカ企業を誘致して半導体産業に参入し、その後10年にわたって財閥を支援して家電製品の大量生産と輸出能力を上げるといった産業政策を幅広く行った。１９８４年に世界初の商用ダイナミックＲＡＭが発売できたのは、こうした施策があったからだ。[7]

いずれの場合も、大胆な公共投資がなければ、長期で多額で先の見えない投資に民間企業が二の足を踏んでいたことは間違いない。公共部門がリスクを背負ったあとではじめて、そのイノベーションが生み出す新たなチャンスに民間企業は飛び乗ってくる。過去の例を見れば、怪しい思い込みに基づく理論は現実と違うことがわかる。

思い込み②　「市場の失敗を正すのが政府の役割」

政府が価値創造に貢献できないと考えると、政府の政策は市場を創造するのではなく正すだけだという思い込みが経済理論の前提になってしまう。市場が失敗する要因には、情報の非対称性（買い手と売り手が同じ情報を持っていない）、正の外部性（公共財、基礎研究、公衆衛生への資金提供）、負の外部性（大気汚染など）がある。負の外部性が原因なら政府が介入し、たとえば炭素税といった政策を通して「汚染者にツケを支払わせる」ことになる。また、課税を通して価値や富を再分配することもできる。マクロ経済学では、課税が価値の再分配の核にあるとされ、システムをつくり変えるのではなく既存のシステムの効率を上げることが官の役割とされている。

市場失敗理論（MFT）

市場失敗理論（ＭＦＴ）とは、公共政策にできるのはせいぜい市場の失敗を正すことくらいだという考え方で、もともとは新古典派の厚生経済学に由来する。これは社会全体に幸福をもたらすために経済政策をどう使うかを研究する学問だ。

いわゆる厚生経済学の第一基本定理がＭＦＴの出発点にある。[8] この定理では、資源を最も効率的に分配できるのは市場だとされ、それには次の３つの条件が必要とされている。

条件のひとつ目は、完全な市場が存在し、すべてのものとサービスの供給と需要が公開価格で取引されていること。

ふたつ目は、すべての消費者と生産者が競い合っていること。

３つ目は、均衡が存在すること（反対に向かう力が釣り合っていること。たとえば、バナナの需要と供給が一定の価格で完全に一致していること）。

この3つの条件があれば、市場による資源の配分は最適になると経済学者ヴィルフレド・パレートは言う。つまり、誰にも犠牲を払わせずに消費者や生産者が得をするには、市場による資源配分以外の方法はないというわけだ。すると、政府は価値創造に何の役目も果たさないということになる。

市場失敗理論（MFT）によれば、この3つの条件のいずれかが満たされないと、資源配分の効率が失われ、市場は失敗する。市場がパレート効率的でないとすると、公共政策によって市場の失敗を正せば、すべての人が得をする。情報の非対称性、正の外部性、負の外部性によって市場が失敗したら、政府が介入すべきだというのがMFTの考え方だ。

政府の施策がコミュニティ全体の利益になる場合もある。たとえば、大規模なワクチン接種でポリオを予防したり、教育を無償化することもできる。これが公共の利益になる正の外部性だ。だがMFTによると、政府は民間企業がやらないか、できないことしか提供してはいけないとされている。負の外部性が原因でも、コストに見合うような市場メカニズムを政府が導入すべきだとされている。

公共選択理論

さらには、1960年代から1970年代にかけて、先進国で新たな理論が登場した。いかなる政府介入も疑い、政府の役割をさらに縮小したほうがいいとする理論だ。つまり、政府の失敗は市場の失敗よりも危ないというのである。これがいわゆる公共選択理論で、新古典派の厚生経済学を使って政策決定を行おうとするものだ。

公共選択理論は、政策に関わる主体（有権者、官僚、政治家）の行動を、経済効率の観点から考える理論である。

ここでは、政府を含む主体が、新古典派の言う市場参加者と同じように自己利益を追求することが前提になっている。[9]

市場では利益追求が効率的な選択をもたらすが、公共選択理論では政治や政権の意思決定に市場と同じ規律が存在しないと言われる。そのため、力と金のある利権団体が政治家を動かして政策を左右すると考えられている。たとえばコネや贔屓、汚職、利益誘導（独占による利益搾取）、資源の配分ミス（負け組企業の救済）、民間企業との不当競争（クラウディングアウト）などだ。有権者が全員で同じ方向を向いて行動することは難しいので、特別な利権が政治を乗っ取りやすい。政治決定のほとんどは日常生活に関係ないため、合理的な有権者は興味を持たない。行政は競争圧力にさらされないので、官僚組織は縄張りを広げて生き延びることに汲々とし、公共の善は二の次になるというわけだ。

だとすると、市場の失敗が明らかな場合でも、政府の介入で効率が上がるとは限らない。むしろ、政府が失敗するかもしれない。たとえば、福祉の向上を狙った決定が、市場の失敗よりも悪い事態を招く可能性もある。[10] そう考えると、市場の失敗だけでは政府が介入していいことにならず、政府の失敗による損失を上回る便益がある時しか、介入できないことになる。[11] つまり、自由市場の非効率さ（市場の失敗）と、政府介入の非効率さ（政府の失敗）のどちらかを取ることが求められるのだ。

不完全な情報による失敗を正すことが正解だという経済学者もいる。[12] 一方で、とくに公共選択理論の支持者には、市場に資源配分を任せるべきだ（市場自らが失敗を修正できるかもしれない）という人もいるし、公共機関の中に市場型の規律をつくり出すべきだという学者もいる。[13]

「官と民はライバル」という誤解

ただし、MFTも、その分身である公共選択理論もただの理論にすぎない。公共選択理論の背後には、官僚や政治家は自由市場の参加者と同じで、自分の「効用」を最大化しようとする、という思い込みがある。官僚も政治家も自己利益を優先する点では起業家と同じで、先を争って独占したがるものだと思われているのだ。[14] だが、MFTと同じで、この思い込みを裏づける証拠はない。なぜか、官僚や政治家は社会や憲法や倫理を気にしないと思われているだけだ。そして、官と民はライバルで、一方が勝てば他方は負けると思われている。

だから、政府があえて大胆な手を打とうとすると、民間投資を締め出していると非難される。たとえば、ヨーロッパの航空宇宙企業エアバスの航空機開発に政府が投資すれば、民間部門から利益機会を奪うと思われてしまう。しかし、そんな批判が出るのは、投資機会を固定的にしか見ていないからだ。投資機会は限られているという思い込みと、官と民はライバルであってパートナーではないという思い込みがそこにある。その奥には、価値を創造するのは民間企業だけで、政府の投資は価値破壊につながりかねないという、おなじみの偏見がある。

実際のところ、政府投資が民間企業の締め出しを招くというのは、ほぼ間違った思い込みと言っていい。たいていの場合、政府投資には、その逆の効果がある。政府の戦略的投資は民間からの投資を呼び込み、普通なら難しいような資金調達を可能にし、国家生産量を上げ、官民両方の投資家に利益をもたらす。

アポロ計画への公的投資は、民間企業との契約を通じてコンピュータやデジタル技術の急速な発展をうながした。エアバスは政府による比較的少額の出資によって世界最大の航空機企業の礎を築き、ヨーロッパ全土に事業所とサプライヤーを持つまでになった。

技術革新の歴史を振り返ると、公共投資、とくに技術革新の初期に行われた投資によって、民間投資家が二の足を踏むような長期リスクと不確実性を政府が引き受けてきたことがわかる。実際、ナノテクノロジー、バイオテクノロジー、環境テクノロジーといった分野では、ハイリスクな初期段階での公共投資がなければその後小さなスタートアップ企業が数多く生まれることはなかったはずで、その中から成長企業も生まれてきた。ということは政府による市場形成と市場共創をもとにした、新しい理論が必要とされている。これについては第6章で紹介しよう。

思い込み③　「政府は企業のように運営されるべき」

「政府はリスクを取らず裏方に徹するべきだ」という通念は巷に根づいている。政府は、(独占を防ぐなどして)経済における公平な競争条件を確保し、法と秩序を維持し、必要に応じて規制をかける(たとえば、食品の安全性)以上のことをしてはいけないというのが通説だ。公共部門は民間部門の規律を見習い、そのうえこれまで公共機関が担ってきた交通や医療といった大切な役割の多くを民間に委ねるべきだとさえ考えられている。公共選択論者の主張するような政府の失敗を避けるには、そのほうがいいとされているのだ。公衆衛生研究所が官僚的で非効率であるとか、電気料金の抑制が競争を阻害しているといったことが失敗の例として挙げられる。

ニュー・パブリック・マネジメント(NPM)の失敗

おもにアメリカのビジネススクールでは、公共選択理論がニュー・パブリック・マネジメント(NPM)に発展し、1980年代に流行した。

NPMが唱えたのはいくつかの優先戦略だった。ひとつは、公共部門にたとえば効率性の目標といった利益追求に近い動機を与えて、パフォーマンスを上げること。その一例が、1990年にイギリスの国民健康保険サービスの中につくられた内部市場である。これにより、政府は医療サービスの提供者ではなく購入者となり、外部業者が入札する仕組みができた。

優先戦略のもうひとつが、公共サービスを外注し、請負に任せ、あるいは民営化することだ。その目的はプリンシパル・エージェント問題を解決することにある。少なくとも理論的には株主は企業経営者の責任を追及できるが、市民(プリンシパル)は役人(エージェント)の責任を追及できないと考えられているからだ。民主主義社会では投票によってしか市民は声を上げることができないが、選挙はたまにしかなく、役人への影響は間接的で、利益追求ほどには規律がきかないとされている。公共部門は民間部門に比べて規律も責任感も薄いため、効率が悪いと考えられているのだ。この本でも取り上げているが、政府は市場の失敗を正すことに専念し、市場規律を取り入れて公共部門の効率を上げるべきだというのが通念だ。[15]

1980年代から1990年代にかけて、イギリス、ニュージーランド、オーストラリアなどの先進国でNPM政策が実施された。[16] しかし、1990年代半ばには、その有効性が疑われるようになった。規制緩和、株主価値、独立行政法人の設立や外注といった新たな施策は、能書き通りにはいかなかったのだ。規制緩和は銀行を危険な行動に走らせ、株主価値信仰は長期的な投資を犠牲にして経営者をより金持ちにし、外注はサービスや製品の品質低下につながった。

費用対効果分析の失敗

公的機関を営利企業のように運営しようという試みは、深刻なツケを招くことになった。病院の患者も、学生も、乗客も「客」として扱われるようになった。効率性の基準ですべてが一律に評価されるようになった。値段に見合う価値を計算し、費用対効果を分析（CBA）し、分配効率に気を配り、消費者の嗜好を満たすために最も効率よく資源を組み合わせて生産を間に合わせるようになった。

CBAとは、決まった資源を決まった時期に既存の市場価格で最大限に活用するための計算だ。だが、月へのミッションや福祉国家の建設といった大きな夢は、そもそも先が見えず、さまざまな分野にまたがる試行錯誤が必要になる。うまくいきそうなものを進め、ダメそうなものはあきらめることを繰り返さなければならない。不確実性と試行錯誤は、CBAのような固定的な基準では評価できない。その一例として、イギリス政府は、たった6カ月後の洋上風力発電のコストでさえ確実に見積もることができなかった。ましてや、この手のエネルギーベンチャーにはよくある25年後のコストなどわかるはずもない。たいていはコストの見積もりが高くなりすぎる。するとわかりきった気候変動に対応できず、差し迫った脱炭素化のニーズに応えられない。

思い込み④　「民営化は税金の節約になり、リスクを減らす」

１９７０年代に入ると、ＮＰＭの核になる考え、すなわち政府が良かれと思ってする行動が害悪を招いているという思い込みが、政治家やビジネスパーソンや官僚のあいだで根づきはじめ、アメリカから世界中に広がっていった。消費者であれサービス利用者であれ、多くの市民が政府を非効率的だと思い込み、国有企業をダメ組織の見本だと考えるようになった。そこで、公共部門の効率を民間部門並みに上げることが急務となったのだ。

ＮＰＭの考え方は次の提案につながった。（a）公営企業を民営化すること、（b）大きな公的機関を分権化または解体すること、（c）成果報酬などの基準を導入することだ。

政府による「害悪」のリスクを軽減する方法のひとつが、公共サービスの外注と民営化である。外注や民営化によって、例のプリンシパル・エージェント問題が多少は改善され、コスト削減とサービス向上につながると思われた。

だが現実はその逆だったのだ。

イギリスの民営化政策の失敗

イギリスではとくに、1979年のマーガレット・サッチャー首相による第一次保守党政権から1990年代、2000年代の新しい労働党（ニュー・レイバー）政権にかけて、この考え方が根づいていった。民営化、官民合同、アウトソーシングという3つの形で理論が実現されたのだ。

一見市場志向の戦略に思えるこれらの政策により、逆に中央集権化が進んでいった。住宅制度を含む地方政府の権限は弱まった。ガス、電気、水道、鉄道、通信などの多くの国営企業が民営化されたが、残念な結果となった事例も少なくない。

国有産業が廃止される一方で、皮肉なことに、海外の国有企業が参入し運営を引き継ぐことは認められていた。今ではフランス電力公社（EDF）がイギリスでガスと電力を供給し、香港政府が所有する香港の地下鉄運営企業のMTRがロンドンの巨大地下鉄網であるクロスレールの運営に関わり、オランダの国営鉄道会社が100%所有するアベリオがイギリスでバスと鉄道を運営している。

1980年から1996年のあいだにOECDで民営化された資産の4割はイギリスのものだった。[17]また、世界銀行や国際通貨基金などの国際機関の勧めで（「ワシントン・コンセンサス」）、新興国も国有企業を民営化した。イギリスの新生労働党は官民の協働体制を確立するため民間資金・ノウハウ活用施策（プライベート・ファイナンス・イニシアティブ）（PFI）を導入し、病院や学校、刑務所、防衛施設などの公共施設が官民共同で建設・運営されることになった。

ＮＰＭの考え方は、小さな政府と従来型の財政運営、つまり均衡予算をよしとするものだ。政府は期間中の歳入に見合うよう歳出をとどめ、国の借金を増やさず、できれば減らすべきであるとされた。サッチャリズムの教義と実践の根底にあったのはこの考え方だった。18年ぶりに政権についた新生労働党はタカ派を恐れ、放漫財政への非難を何としてでも避けたがった。低金利の国債で病院や学校、道路などを整備するのではなく、ＰＦＩを使って民間企業に資金を出させ、政府が数年かけて返済することにした。

１９９８年以降、イギリスでは７００件以上のＰＦＩプロジェクトが実施され、約６００億ポンドの資金が調達された。現在の支払い方法では、２０４７年から２０４８年までにこれらのプロジェクトの累積コストは約３１００億ポンド、つまり当初資本の５倍以上にのぼるとみられる。イギリス会計検査院の推定によると、ＰＦＩプロジェクトのコストは政府債務で調達した場合に比べて、４割ほど高い[18]。

国民保健サービスのＩＴ化は「最も高くついた失敗」

また、公共サービスの多くが外注された。ＰＦＩがインフラの構築と運営に使われたのに対し、おもにＩＴサービスは外注を通して民間に委ねられることが多かった。歳入関税庁、運転免許庁、国民保健サービス、地方自治体などが、膨大な数のＩＴ契約を外部業者に発注した。ゴミ収集、学校給食、施設の維持管理、刑務所、さらには救急車や保護観察所などの公共サービスは、地方自治体から民間請負業者に委ねられた。２０１２年から２０１３年のピーク時には、外注契約の金額は7億8000万ポンドに達した。[19]

だがそれ以降、地方政府の外注契約額は着実に下がっている。中央政府のIT外注も同様の傾向にある。外注されたサービスの品質や信頼性が期待外れで、割高だとわかってきたのだ。

たとえば、イギリス政府は2011年、国民保健サービスの患者記録システムに100億ポンド近くを費やしたあとで断念することになった。失敗の原因は複雑だが、2002年にプロジェクトが開始されてから10年経っても民間業者はソフトウェアを納入できなかったのだ。この顛末(てんまつ)について、庶民院決算委員会のひとりは、「公共部門の歴史の中で、何より高くついた最悪の大失敗だ」と語った。[20] 2016年、運転免許庁は20年間にわたるITの外注を打ち切って、組織内のスタッフを訓練し、わずか7週間で新しいオンラインアプリケーションを立ち上げた。

最大の委託先企業の倒産

2018年、イギリス最大級の政府サービス請負業者であるカリリオン社があっけなく破綻(はたん)し、民間企業の倒産リスクに政府がさらされていることが明らかになった。また、公共部門の失敗は民間部門の失敗より深刻だとするNPM理論の欠陥も証明された。

カリリオンの破綻はイギリスの破産裁判所史上最大の倒産劇だった。年間売上が52億ポンドのカリリオンは、なんと70億ポンドの負債を抱えて破綻した。

シンクタンクの英国政府研究所が書いた報告書によると、1万8000人の従業員のうち2000人以上が解雇され、3万もの納入業者、下請け業者、短期債権者に対して20億ポンドの債務が残った。サプライチェーンに膨大な数の人が関わる民間請負業者に責任を負わせるのがいかに難しいかが、この件からよくわかる。[21] カリリオンの倒産では、サプライチェーンに関わる7万5０００人が影響を受け、病院や鉄道の建設、学校給食の提供、刑務所や軍人住宅の維持管理など、４５０のプロジェクトが中断され、完成が大幅に遅れ、コスト増につながっていた。[22]

会計検査院の報告書によると、この破綻によりＰＦＩ事業であるロイヤル・リバプール大学病院の完成は、最短でも予定より5年遅れの２０２２年まで延期され、建設と運営にかかる費用は当初見積もりの7億４６００万ポンドに対して10億ポンド以上になることがわかった。原因の一端は、カリリオンによる深刻な欠陥建築だ。保健省は、４２００万ポンドを支払って契約を打ち切った。もうひとつの目玉ＰＦＩプロジェクトだったバーミンガムのミッドランド・メトロポリタン病院の開業は、4年遅れの２０２２年になりそうで、予算を3億ポンド上回る9億８８００万ポンドの費用がかかるとされている。[23]

カリリオンの株主だった世界最大の資産運用会社ブラックロックも、「事業の実態より、役員報酬に気が向いていた」とカリリオンを責めた。[24] 政府研究所も、政府が薄利で高リスクのプロジェクトを外注したことが「怪物」を生み出したと指摘している。

長期契約ではとくに、請負業者は契約欲しさに入札額を下げ、プロジェクトが進むにつれて利幅を広げようとする。一方、政府は官僚の研修を充実させ、調達改革にも努力したが、多くの省庁ではベストプラクティスが実行されず、将来破綻するかもしれない高リスクの契約を結んでいる。カリリオンの過少請求も、最低入札価格での契約締結への圧力も、まさにその例だ。公共部門の弱体化と、株主価値の最大化がもたらした民間部門の能力低下が相まって、最悪の結果となったのだ。

政府の仕事を業者に丸投げするリスク

1990年代から2000年代初頭にかけて、アメリカでも外注が主流になってきた。2006年から2008年にかけて、連邦政府の請負契約者の数は連邦政府職員の約4倍（200万人に対し760万人）に達した。だが、2015年にはその割合も2対1に下がり、連邦職員200万人に対し、請負契約者は370万人になっている。

連邦政府が民間請負業者に支払った金額は、2003年から2004年には3000億ドルだったものが、2012年には5000億ドルになったと推定される。[25] アメリカ会計検査院の2017年報告書によると、2015年度の連邦請負業者への支出は、裁量支出の4割に当たる4380億ドルだった。サービス支出においてはなんと8割が請負業者への支払いだった。金額が最も多いのは「専門家による支援サービス」であり、「この種のサービスを行う請負業者は、本来政府が行うべき仕事を行っており、これは危険である」と報告書に指摘されている。[26] つまり、イギリスと同じように、政府職員がやるべき仕事の多くが請負業者に流れているということだ。

イギリス国鉄民営化の失敗

ニュー・パブリック・マネジメント（NPM）は効率を上げることに焦点をあわせているので、

少なくとも納税者の節約になりそうなものだが、そうはなっていないようだ。アメリカの独立監視機関、政府監視プロジェクトの調査によると、連邦政府が承認したサービス契約の支払い額は、公正で合理的とされてはいるものの、連邦職員の報酬総額の1・83倍であり、民間企業が同等のサービスに対して支払う金額の2倍以上といわれている。

イギリスでは1985年から2015年のあいだに開示された行政コストが実質40%上がっていることもわかった。同期間に、行政サービスは3分の1も削減され、公共支出は2倍になっている。コストの増加が最も著しいのは、外注された業務だった。また、サービスの欠陥、苦情、裁判件数も急増した。[27]

民営化された産業にも同じ問題が見られることはイギリスの鉄道旅行者ならわかるはずだ。たしかに、旧国有企業のイギリス国鉄は、サービスが悪いことで有名だった（技術が進んでいないわけではなかったが）。しかし、国鉄にかわって複雑な官民協定が結ばれてから四半世紀が経ち、運賃は賃金とインフレ率を上回る上昇を見せているし、運賃体系は複雑で、遅延などのサービスの悪さに乗客は辟易（へきえき）している。[28] 2019年6月までの1年間で、定刻通りの運行はわずか64・7%にとどまった。[29] 一方で、補助金の額は民営化後に倍増し、納税者の負担で民間業者が利益を上げる構造になっている。[30]

コロナによる乗客数の激減で、政府は鉄道外注業務を停止して管理契約に切り替え、事実上の鉄道再国有化に踏み切った。[31] アメリカの納税者もそうだが、イギリスの鉄道利用者が、民間への委託で割安なサービスを受けられたかを疑うのも無理はない。

誰よりも得をしたのは結局、大手コンサル会社

政府の外注で誰よりも得をしたのが、大手コンサルティング会社である。業界大手のマッキンゼーのような企業との契約には、莫大な税金が注ぎ込まれているが、詳しいことはわからない。だが、ヒントはある。イギリスがEU離脱の準備に入ると、ビッグ4と呼ばれるコンサルティング会社（デロイト、アーンスト・アンド・ヤング、KPMG、PwC）の利益は20％増加した。政府がこれらの企業に払った金額は、2018年の7700万ポンドから2019年には4億6400万ポンドに増えている。[32] EU離脱の目的が支出の節約だったことを考えると、皮肉なことだ。体制の移行と立ち上げにお金がかかったという言い訳もできるだろうが、基本的な政府の業務をコンサルティング会社に任せっきりにすることがこのところの傾向でもある。

その理由はふたつ。ひとつは予算削減や士気の低下で政府の能力が下がっていること。もうひとつは、失敗への恐れである。

「入札なし」契約の横行

2020年初頭、フィナンシャル・タイムズはこう報じた。

2016年の会計検査院の報告書によると、政府は公務員の2倍も給料が高いコンサルタ

ントに多額の費用を使っている。それによると、47人の臨時職員が1000ポンド以上の日当を得ているのに対し、同じ給与を得ている公務員は30人しかいなかった。

高い報酬に見合う仕事をしているわけでもない。昨年発表されたブリストル大学の研究では、イギリスの急性期病院は、外部の専門家に多額の報酬を支払っているのに効率は悪くなっている。会計検査院やほかのアナリストが必死に分析してもその理由はなかなか解明できない。

シンクタンクの「リフォーム」での外注・調達部門を率いるジョシュア・プリチャードは、こう語っている。「政府契約の透明性が高まらなければ、すべての支出を精査することも、追加的なメリットがあるのか、コストに見合うサービスが契約で保証されているかを調べることもできません[33]」

このところの大手コンサルティング会社による相次ぐ不祥事で、こうした懸念はさらに大きくなっている。マッキンゼーが行ったCIAや国家安全保障局などの国防機関の再編が、重要な意思決定プロセスを妨げ、結果的に組織の効率を下げたことに、内部では非難する声もある[34]。マッキンゼーは、競争入札なしで数百万ドル規模の契約を獲得した。表向きには一刻を争う案件だったからとされているが、品質管理や説明責任といった最低限の確認さえ行われていなかった。

こうした「入札なし」の契約はこのところ増加しており、契約書に不備があったり成果管理が満足に行われていなかったりして、残念な結果につながっている[35]。

2010年から2014年にかけてイギリス国内120の公立病院を対象にした定量分析によ

ると、経営コンサルタントへの支出が増えると、効率が大幅に下がり、患者の医療改善にはまったくつながらないことがわかった。[36] 同期間に国民保健サービスがコンサルタントに支払った金額は、3億1300万ポンドから6億4000万ポンドへとほぼ倍増している。[37] 貿易投資省（イギリス企業の海外貿易を支援する部門で、2016年に国際貿易省と改名）と経営コンサルティング会社のピーエーコンサルティングとの契約が大失敗したことについての聴聞会では、この外注先が政府の知識不足につけ込んで、割高な契約を結ばせていたことが取りざたされた。それは「よくある頭痛の種」でもあった。[38]

政府の能力の低下を示す例をひとつ挙げると、1970年には地方自治体を中心とする公共部門がイギリスの建築家の47％を雇用していたのに対して、今はそれが1％にも満たない。[39] 地方自治体が提供する公共住宅が激減したことも一因だが、政府全体の外注政策のせいでもある。新型コロナウイルスが流行しても、十分な検査を行えなかった大きな理由のひとつは、かつては幅広く備えのあった公的臨床検査機関がこの20年間で疲弊してしまったことにあった。[40]

マッキンゼーに移民センターを委託したドイツ政府

このところ公共サービスの機能をコンサルタントに丸投げする動きが加速してきたことで、闇が深まった面もある。ヨーロッパの難民問題が深刻化した2015年、ドイツ政府はマッキンゼーに2900万ユーロを支払って、「迅速な」移民処理センターの設置を依頼した。おかげで手続きは簡単になったが、同時に、家族と再会できないなど基本的人権を否定されたまま一時的な居住資格を割り当てられる難民の数が増えていった。マッキンゼーが人権への配慮なく手続きを変えたことで数多くの訴えが起き、残りの多くの手続きが移民センターからドイツの法廷に移された[41]。

細かい配慮の必要な人権のような領域にまで、経営コンサルタントをこれほど露骨に投入したこと自体、外注優先の考え方がどれほど公共政策に浸透しているかを示している。さらに懸念すべきは、効率性の名のもとに、公共倫理が犠牲になっていることだ。

不透明なコンサルの効用と責任

外部コンサルタントの助言が、組織の能力強化に本当に役立っているのかを疑問視する専門家もいる。コンサルタントに払う金を薬の研究や医療の提供に使ったほうが良いのではないかという声もある。

コンサルタントの説明責任を問えるのかどうかも疑わしい。とりわけプロジェクトがうまくいかなかった時や利益相反のある場合にどうするか。たとえば、グローバルな公衆衛生の問題解決に取り組むコンサルタントが、同時に健康に悪影響を及ぼす石炭産業から仕事を請け負っていいのか？ 残念ながら、多くのコンサルティング契約は開示されないので、はっきりしたことはわからない[42]。

外注失敗のツケを払うのは納税者

ＰＦＩや外注の仕組みには、複雑な契約が伴う。プロダクトが複雑になるほど、情報の非対称性が高まるのは、経済理論からも明らかだ。

たとえば、民間の刑務所運営事業者（売り手）は、政府（買い手）より多くの情報を握っている。[43] するとやっかいなことになる。非対称な契約の弱点を補おうとすれば、買い手に余分なコストがかかる。法執行や防衛といったサービスを政府が放棄することは法的にも政治的に許されないので、民間業者が手を抜いても、別の外注先が見つかるまでは政府がお金を払い続けるしかない。これが、いわゆるモラルハザードだ。カリリオンの例でもわかる通り、外注に失敗したツケは納税者に降りかかる。

外注やそれに絡んだやり方がもたらす悪影響が、品質や信頼性やコストの問題だけにとどまらないのは明らかだ。簡単に言うと、民営化と外注によって経験豊富なベテラン官僚の仕事が奪われ、はるかに経験の浅い人（民間企業）がその仕事を引き受けることになる。これは外国の国営企業がイギリスの民営化企業を経営しているのと同じで、能力を無視して政策を優先させることにほかならない。その結果、政府は能力を失い、官僚のスキルと専門性はすり減り、官僚は思うように仕事ができないと感じ、モラルが低下する。

コンサルは栄え、政府は人材難に

経営コンサルタントにすべて丸投げし続けていると公共部門の能力はますます低下するばかりだ。コロナの大流行で、その悪影響が顕著に表れた。ドイツのように保健所の職員を訓練し、検査・追跡システムを官僚が運営するのではなく[44]、イギリス政府は複数のコンサルティング会社にコロナの応急対策を丸投げした。2020年10月には、検査・追跡システムを請け負ったボストン・コンサルティング・グループ（BCG）に1日あたり6250ポンドもの報酬が支払われていることがすっぱ抜かれた[45]。2021年3月、下院決算委員会は検査追跡システムが「高価な請負先と一時雇いのスタッフに依存しすぎていた」と報告した。この報告は、多数の外部コンサルタントに高給が支払われていたことを重く見ている[46]。

2020年9月、保守党内閣で財務大臣を務めたアグニュー卿は、コンサルティング会社に頼りすぎた政府が「退行」してしまったと語っている。外注は気が遠くなるほど割高で、「最も優秀な官僚から、やりがいを奪っている」[47]。つまり、官僚の成長、ひいては公共部門の成長が止まっているということだ。

民間業者が公共サービスを請け負うようになればなるほど、政府は責任を負えなくなっていく。というのも、能力は落ちるし、ダメな政策を変えるのはさらに難しいからだ。リスクを取ることもなくなり、成果も上がらなくなる。すると悪循環におちいってしまう。政府のやることが減ると、ますますリスクも取らず管理もできなくなり、人材開発はさらに疎（おろそ）かになり、仕事は退屈になる。一方で、民間業者やコンサルティング会社の仕事はますます魅力的になり、政府から人材が吸い上げられていく。

思いこみ⑤　「政府が『勝ち組』を選んではいけない」

はじめの3つの思い込みをもとにすると、政府は経済の方向性を決めるのではなく、補佐役に徹するべきだということになる。「政府は必要最小限のことに集中すべきで、『勝ち組を選ぶ』べきではない」というわけだ。

２００８年のアメリカ大統領選で共和党の副大統領候補になったサラ・ペイリンは「政府は市場に優しい政策を進めるべきで、勝ち組と負け組を選別せず、競争をうながし、公平な競争条件を整えるべきだ」と語っている。[48] イデオロギーの薄いグループの中でさえ、官僚が悪気なく「自分たちは勝ち組を選ぶ立場にない」と言い訳をすることもある。

だがこれは間違っている。どんな支援を差し出すかを政策立案者が決めるのは当たり前だし、支援先を選ぶのも当然のことだ。

「勝ち組を選ぶ」とはつまり、重要で成功しそうな技術や企業や産業を選ぶことで政府が経済の方向性を決め誘導することにほかならない。何を選ぶかは、多くの要因に左右される――技術的な優位性の確保、知識の普及、雇用の創出、生産性と所得の向上、地方創生、防衛など、目的はさまざまだ。産業政策は、経済の全部または一部の発展と成長をうながすための大きな方向性であり、製造業に重点を置くことも多い。それが恣意的に勝ち組を選んでいるように見えるのだろう。政府が特定の技術や分野の発展をうながそうとすると、広い意味では勝ち組を選ぶことになる。問題は、負け組が選ばれることだ。

目的は尊いとしても、政府が「勝ち組を選ぶ」ことには軽蔑（けいべつ）の目が向けられてきた。かといって、民間企業だって勝ち組選びがうまいわけではないだろう。それでも、政府が手を出すとたいてい失敗して、納税者がツケを払わせられると思われている。だがリスクテイクは民間の仕事で、ベンチャー企業が失敗してもそれほど目立たないし、悪い評判に耐えることができる。

「政府は勝ち組を選ぶな」派がよく持ち出すのが、超音速旅客機「コンコルド」の例だ。1976年から2003年まで英仏間を飛んだコンコルドは、技術の大勝利ではあったものの、製造費用が予想を大幅に上回り、民間航空業界に超音速革命をもたらすことはできなかった。アメリカの太陽電池パネルの新興企業ソリンドラの例もある。ソリンドラは2009年にエネルギー省から5億3500万ドルの保証つき融資を受けたが、4年後には破産を申請した。

韓国政府主導のHDテレビ開発

とはいえ、歴史を振り返ると、政府が勝ち組を選べないという考え方は間違っている。[49] 技術革新の節目で、政府は産業間の連携を取り持ち、基準を設けて市場をつくり出すことができる。そのためには、政府が戦略を決めて、その方向に誘導する必要がある。

1990年代に韓国政府がHD（ハイ・デフィニション）技術の大きな可能性に気づいた時がそうだった。当時、エレクトロニクス業界では、アナログ製品からデジタル製品への移行が進んでいたが、韓国はまだアナログテレビの量産国だった。韓国政府は、ＨＤ製品への移行に必要な能力を築くため、ＨＤテレビの開発だけに的を絞った委員会を設置した。３つの省庁と十数社の民間企業、大学、政府の研究機関で構成された委員会はその後「大規模研究共同体」となる。この共同体を率いたのが、韓国電子研究院、韓国産業技術院、サムスン、ＬＧ、現代、大宇電子などの民間企業からなる韓国映像産業研究開発協会である。

政府と民間企業が合わせて1億ドルの資金を提供し、アメリカと日本からの技術移転と習得に焦点があわせられた。韓国政府は大手企業の連携を調整してアメリカ市場向けデジタルテレビの規格を開発しつつ、企業間の競争をうながした。[50]一方で、韓国企業はアメリカの大学や研究所と連携して研究チームやセンターを設けた。[51]

１９９３年10月、大規模研究共同体が最初のデジタルテレビ試作機を発表すると、韓国政府は次の段階を支援しはじめた。新しい製品の生産と販売である。その2年後、この共同体がＡＳＩＣチップの開発と小型化を始めると、契約獲得に向けて多くの企業が競い合い、１９９８年にサムスンがとうとう製品を発売することになった。[52]

もちろんこの手のやり方がかならず成功するわけではない。これは試行錯誤の一部でしかない。不振産業を救済しているだけだと思われることもある。たとえば、イギリス政府は国内自動車産業を救うため１９６８年にブリティッシュ・レイランドを設立し、造船業を救うためにアッパー・クライド・シップビルダーズを設立した。だがどちらもうまくいかなかった。

しかし、「勝ち組を選ぶ」とは、未来のイノベーションや産業や企業を支援するという意味であって、不振の産業や企業を存続させることとは違う。

政府もベンチャーキャピタルと同じで、勝つこともあれば負けることもある。アメリカ政府は、ソリンドラに5億3500万ドルの保証つき融資を行った同じ年に、テスラにも4億6500万ドルの同様の融資を行った。中国が世界最大の鉛筆生産国になったのは、国家がはじめから競争力のある産業をつくる意図を持っていたからで、技術がすぐれていたからでもなければ黒鉛の生産地だったからでもない。中国の国有企業が技術と労働力に投資し、政府が資金を提供し、国内生産者を関税で保護し、甘い森林管理政策で木材の価格を抑え、手厚い輸出補助金を支給したからだ。[53]

重要なのはポートフォリオ――テスラの成功とソリンドラの失敗

政府が「最初の投資家」として経済の舵(かじ)を握り、デジタル革命や環境対策の目標に向けて行動するとすれば、当然ながら、誰かに賭けて勝ち組を選ぶことになる。ただ、政府は方向性を決めたら、その方向性の中で幅広いポートフォリオに投資すべきだ。言い換えれば、ひとつの技術や特定の業界(たいていは、ロビー活動が強い業界)、あるいは企業の種類(中小企業など)を選ぶのではなく、複数の業界にまたがる新しい協力関係を促進し、そこに関わる企業の成長を広くもたらすような方向を選ばなければならない。つまりは、勝ち組を選ぶのではなく、意欲のある人を選ぶということだ。

政府が賭けに出ていなければ、インターネットもテスラも存在しなかったはずだ。とはいえ、どう賭けるかは非常に重要だ。ひとつのことに賭け金を集中させると、それが間違っていた場合はすべてを失ってしまう。だが、ベンチャーキャピタルのようにポートフォリオを組めば、リスクは減る。実際、オバマ大統領がグリーン経済への移行に関心を持っていたからこそ、環境省はテスラやソリンドラやその他のグリーン企業に融資を保証した。そのうちのひとつが失敗するのは至極当然のことだ。

ベンチャーキャピタリストならわかるが、ひとつの成功の陰には多くの失敗がつきものだ。問題は、リスクを社会が負担し、民間企業がリターンを独り占めすることだ。これについては第6章で再び検討しよう。[54] 政府は、破綻企業（ソリンドラ）を救済したが、成功企業（テスラ）からは利益を得ていない。さらに、ソリンドラの失敗に政府が関わっていたことはメディアで大きく取り上げられたが、テスラの成功に果たした政府の役割については取り上げられず、民間企業の成功事例だとされている。こうしたことによって政府が「勝ち組を選ぶべきではない」という考え方がますます強まった。

投資の失敗から得られるもの

失敗からは貴重な教訓が得られるということも覚えておいたほうがいい。

たとえば、1975年に倒産しかけたブリティッシュ・レイランドが国有化されたことで、イギリスの自動車産業は崩壊をまぬがれ、その後の発展につながったと言われる。1971年にロールスロイスを国有化した時もそうだった。ロールスロイスは今や航空機エンジンのトップメーカーとしてイギリスの航空宇宙産業の中心的存在となった「イギリスにしては珍しい世界最先端の製造企業」なのである。[55]

また、コンコルドに話を戻すと、今はもう飛んでいないが、その技術はさまざまな業界に波及効果をもたらした。超音速飛行の大きな空気抵抗に耐えるため、翼や窓用に新しい冷却システムが開発され、オーバーヒートを防ぐために反射が2倍の新しい塗料も開発された。[56]

さらに、オリンパスエンジンの測定のため、デビッド・マクマートリーはタッチトリガープローブを発明し、三次元測定の分野に革命をもたらし、その過程で最も有名なエンジニア会社のひとつになったレニショーを設立した。[57]

こうした波及効果があったからといって、かならずしも投資に値するものだったとか、費用対効果が良かったと言い切れるわけではない。ただし、このような点は投資評価に入れるべきなのに、今のところ適切な評価はなされていない。

政府抜きの「市場」は存在しない

何よりも、議論の枠組みが根本的に間違っていることが問題だ。そもそも「市場の失敗」と言うときに、公的な活動抜きに「純粋な」市場や「純粋な」プロダクトが存在しうるという思い込みがそこにある。つまり、政府に関係なく民間部門が価値を生み出せるという思い込みだ。

多くの人がこうした思い込みにとらわれて、官僚は害だと信じて官僚の手足を縛ると、人々のために価値を創造する能力への自信が官僚から失われていく。官僚の役目は政策を実行することだが、同時に権力に対して真実を語る責任もある。しかし、政府の手足が縛られて、何がうまくいくのかを官僚が自由に探求できなければ、官僚は慎重になり、政府の志も萎んでしまう。信念と創造性は押しつぶされてしまう。創造性を失った政府は、ますます人々のために価値を創造できなくなる。

バフェットの至言

現実には、官と民と市民社会が関わり合うところに価値が生み出される。ウォーレン・バフェットはかつて、「私が稼いだ金の大半は、社会のおかげだ」と言ったが、その通りだ。[58] 市場と経済はまさしく、公共部門と民間部門と市民社会の関わり合いが生み出すものである。政府の政策はただの「おせっかい」ではない。それが市場の形成を助けている。規制当局、労働組合、ロビー団体など、官民両部門やそのはざまにある他の多くの機関も同様だ。経済環境が変わる中で、政府が行動してはじめてそれ以外の人たちが動くこともある。さらには、政府が積極的に企業や市民社会と力を合わせて価値を共創することもできる。

「大きな政府」対「小さな政府」論争より大切なこと

ここに挙げた5つの思い込みを合わせると、政府は小さければ小さいほどいいと考えてしまうかもしれない。政府についての今どきの政治的議論のほとんどは、大きいか小さいか（GDPという間違った指標における政府支出の割合が目安になってしまう）と予算に関わるもので、政府が人々のためにどう価値を創造するか、またその能力をどう高めるかは議論の俎上にのぼらない。ましてや人材開発、知識、人脈、専門知識といった非財務的なリソースについては、ほとんど語られることはない。

しかし、こうしたものは政府や組織の大きさに関係なく、効率性に直接関わるものだ。政治の上層部から地方自治体から専門機関まで、どのレベルにおいても能力は必要である。

大切なのは、政府が組織運営手法のイノベーションに投資し、外向きには長期的な生産性の向上に投資することだ。ヨーロッパで対GDP比債務比率が最も高い国（2019年時点ではギリシャ、イタリア、ポルトガル）は、研究開発、教育、イノベーション、柔軟な公的金融制度といった、経済に必要な投資を行っていない国でもある。[59]

NPMでは政府の関わる領域が狭いほどいいとされる。だが先ほど言ったように、これがアウトソーシングや民営化につながってきた。だからこの数十年は月に行くどころか、政府はタダ乗りされてきたのである。

第2部

ミッション・ポッシブル

——大きな夢を実現するために必要なこととは？

A MISSION POSSIBLE

第4章

いま、アポロ計画こそが「最高の教訓」である

政府がふたたび「ハイリスク初期投資家」になる日

政府についての思い込みは正しいのだろうか？　政府の役割は、市場を修正したら邪魔にならないように引っ込んで民間部門にイノベーションと価値創造を任せることなのか？

ここに面白い相反がある。

一方では、信じたことが現実になる。政府は私たちが思い込んでいるような組織になるということだ。政府にできるのはせいぜい問題の修復が関の山で、政府の失敗は市場の失敗よりもたちが悪いと官僚が思い込まされていれば、公的機関はリスクを取りたがらず「企業寄り」でなければならないという圧力に負け、やがて価値創造能力をすり減らしてしまう。

だがもう一方で、政府が思い込みと違っている例は数多くある。人材開発に投資し、大胆に前

のめりの動きを見せて、経済や社会の方向性を変えた例も少なくない。フランクリン・ルーズベルト米大統領による大恐慌時代のニューディール政策から、第二次世界大戦中の産業変革、そして今行われている都市のグリーン化プロジェクトへの資金援助まで、大志を掲げた政府主導の政策例は歴史上、事欠かない。

理想は政府の大志がきっかけとなり社会全体に化学反応が起きることである。企業のよきパートナーになることも政府の大切な役割のひとつだ。そうやって政府が主導して社会課題を解決するための変化をうながし、その実現に手を貸す企業に明確なごほうびを提供し、民間企業が敬遠しがちなハイリスクの初期投資を自ら行うことが重要だ。そうしたリスクを取ることで、政府は単なる「最後の貸し手」ではなく、「モノ言う投資家」として認められ、社会の支持も得られるかもしれない。

これは絵に描いた餅(もち)ではない。以前にも起きていたことだ。

アポロ計画6つの教訓

政府主導のアポロ計画は、それまで考えられてきた政府の役割とは180度違っていた。その時代の最も重大な課題に挑むには、従来のやり方では歯が立たない。

そこで政府は、SF作家やビジョナリーやひと握りの科学者以外は考えもしなかった目標を据えた。しかも切迫感を持って、明確で大胆な目標を掲げ、真に非凡なことを成し遂げようとした。月に人を送り無事に帰還させるという目標を短期間に達成しようとしたのである。

アポロ計画には6つの際立った特徴があった。

(1) 強いパーパス意識を背景にしたビジョン
(2) リスクテイクとイノベーション
(3) 柔軟で活発な組織
(4) 複数の産業にまたがるコラボレーションと波及効果
(5) 長期視点と結果重視の予算編成
(6) 官民のダイナミックな協働体制

もし、これらが拡大されて、そこから教訓を学ぶことができれば、これまでにない新しい課題解決型の政治経済の指針になる。

この章では、そんな偉業の一例として、アポロ計画を取り上げる。政府が、これまで役割とされていた市場「修正」から市場「形成」に軸足を移したのが、この時だった。月に行くために、政府がどうやって自分たちの手足を縛る常識を打ち破ったか(今も政府の手足を縛るような理論が当たり前とされていることは前章で話した)に注目し、そのような大胆な思考と行動から何が学べるかを示す。次の第5章では、国連のSDGsや世界のグリーンニューディール政策に代表される取り組みに、この原則をどう使えるかについて考える。

教訓①　リーダーシップ：ビジョンとパーパス

アメリカを月面着陸に向かわせたのは冷戦によるソ連との競争だった。ソ連を打ち負かしたいという欲が、人類史上最も革新的な偉業のひとつを後押ししたのだ。

だがこの偉業を可能にし、成功させたのは、政府のリーダーシップだった。政府がビジョンを掲げ、それを達成するためにリスクを取り、公約通りに資金を投入し、手を貸してくれる組織と広く連携したからである。ケネディの決断は、ライバル国との競争を超える影響を世の中に及ぼした。思いもしなかった人類の可能性をかいま見せてくれたのだ。

アポロ計画の最初のミッションであるアポロ11号による月面着陸は、社会に深い影響を与えた。世界中の人が期待と不安を抱いて成功を見守り、技術や科学をはるかに超えた絆（きずな）と一体感が生まれた。子どもたちは宇宙飛行士になることを夢見るようになり、学校では科学、技術、工学、数学の授業に活気が戻った。

ＮＡＳＡのスタッフもまた活気づいた。１９６２年にＮＡＳＡの宇宙センターを訪れたケネディが清掃員に「仕事は何だい？」と尋ねたところ、「大統領、私は月に人を送るお手伝いをしています」と答えたのは有名な話だ。

ケネディはパブリック・ナラティブ、つまり人の心に訴える物語の力を、誰よりもよくわかっていた。イノベーションやアイデアの商業化は、強く望めばできるというものではない。大きな課題を解決しようとする過程で起きるものだ。アポロ計画は、人の心を動かす具体的な夢が何を可能にするかを見せてくれた。ケネディは、アポロ計画の予算が当時の基準にすると莫大であることも認めていた。だが、ライス大学での有名な演説で、それだけのお金をかける価値のあるプロジェクトだと力説している。

　宇宙と環境についての新しい知識、学びと観察の新たな手法、産業と医療と家庭と学校のための新しいツールとコンピュータが、科学と教育の発展を加速させるでしょう。宇宙開発はまだ始まったばかりですが、すでに多くの新しい企業と何万人もの新しい仕事を生み出しています。宇宙とその関連産業は、新たな投資と人材の需要を生み出しています。西部開拓時代のフロンティアが、科学と宇宙の新たなフロンティアになるのです。[1]

ケネディの演説は、夢のあるビジョンにとどまらなかった。そこにパーパスが掲げられたのだ。

もちろん、アポロ計画には賛否両論あった。故マーティン・ルーサー・キング牧師の後継者であり、南部キリスト教指導者会議の代表であるラルフ・アバナシーは１９６９年７月15日、フロリダ州ケープ・ケネディでの集会でこう演説した。

「今日を境に、我々は火星、木星、さらには天国の先まで行けるようになるかもしれません。ですが人種差別、貧困、飢餓(きが)、戦争が地球上にはびこっている限り、文明国としては失敗なのです[2]」

　それからまもなく、ブルースシンガーのギル・スコットヘロンが「月面の白人」という曲を発表した。この曲では、アメリカが技術的偉業に熱を上げる中で、人種格差が根強く残っていることを訴えている。

ネズミが妹のネルを噛んだ。
(そして白人は月へ行く)
顔や腕が腫れてきた。
(白人は月に行く)
治療代も払えない。
(それでも白人は月に行く)
10年後も私はまだ金欠だろう。
(でも白人は月に行く)

ビジョンやパーパスは押しつけられるものではない。リーダーのカリスマ性だけでなく、人々の本心からの賛同が必要だ。メディアと本音の議論を通した社会参加が必要になる。ジョン・F・ケネディとマーティン・ルーサー・キングが同じ年に射殺されたという事実は、1960年代のアメリカでカリスマ的リーダーが直面していた状況を物語っている。

テクノロジー開発と違って、現代の気候変動対策のように社会と組織と政治が関わるミッションには、より活発な市民参加が欠かせない。もちろん、月面着陸のような大胆なビジョンや感動も必要だが、そもそも「誰が」ミッションを決めてどう達成するのかについても、多くの市民参加が必要になる。

アポロ計画が冷戦と切っても切り離せない戦略だったことは頭に留めておくべきだろう。欧米の人々が、先端技術が防衛の要(かなめ)になると考えていたからこそ、月へのミッションに莫大な公費を使うことが許された。地球温暖化関連のミッションもまた、環境保護を社会が受け入れれば許されるはずだ。方向性に社会全体が賛同すれば、政策と環境保護の両方が正当化される。

教訓② イノベーション：リスクテイクと実験

アポロ計画は、過去100年で最もリスクの高い公共事業のひとつであり、壮大な実験だった。ケネディ大統領が例の演説をした時、NASAにあったのは、空軍請負業者のロケットダインが重積載の偵察衛星用に設計したF‐1エンジンだけだった。超大型サターンVロケットは開発中で、コンピュータの能力も低かった。それより何より、月に到達するための計画すらなかった。だから、まずは月に到達し帰還する方法を大急ぎで見つける必要があったのだ。

選択肢は3つ。(1) SF小説や映画にあるように、1機の巨大ロケットで宇宙飛行士を月に連れて行き、着陸させて帰還させる「直接降下方式」。(2) 地球軌道上で2機のロケットをドッキングさせ、運んできた部品で月面車両を組み立てて、その車両を月に飛ばす「地球軌道上ランデブー方式」。そして (3) 1機のロケットで司令船、支援船（燃料を運ぶ）、月着陸船の3つのモジュールを宇宙に運ぶ「月軌道上ランデブー方式」である。[3]

月軌道上ランデブーは、月着陸船を司令船と支援船から切り離して宇宙飛行士を月面に降ろし、その後、月を周回する司令船と合流して宇宙飛行士を地球に帰還させるやり方だ。

侃侃諤諤（かんかんがくがく）の議論の末、未検証でリスクが大きくても、この3つ目が最適解として選ばれた。このミッションを成功に導いた最も重要な決断がこの選択だった。

世間がそのリスクの大きさを実感したのが、1967年のアポロ1号の悲劇だった。ロジャー・チャフィー、ガス・グリソム、エド・ホワイトの3人の宇宙飛行士が、地上テスト中に指令船内の爆発で命を落としたのだ。

サターンVロケットは燃料を積んでいないため、火災の危険性は低いと考えられていた。だが電線の損傷による発火で指令船内の純酸素とナイロン素材が燃え上がった。また、冷却水の漏れ、生命維持装置の故障、無線機の不具合など、技術的な問題もあった。内部圧力でハッチドアが開かず、指令船内の宇宙飛行士3人は焼死した。

ミッション志向のイノベーション

アポロ計画を遂行するには、数多くの複雑な問題を解決しなければならなかった。うまくいくこともあれば、失敗することも多かった。だがいずれの解決策も、政府と企業の緊密な連携から生まれたもので、それはパーパスによって結びついた協力関係だった。

ミッションにはロケットの性能を飛躍的に向上させることが欠かせなかった。電子機器、航法・推進装置、生命維持装置、通信装置、飛行制御システムといった比較的新しい分野でも、繊維、素材、栄養といった古い分野でもイノベーションが必要だった。だが政府は失敗を恐れるどころか実験と探求を歓迎し、目標志向の調達政策などを通して実験をうながした。

ミッション志向のイノベーションとは、基礎研究と既存技術を組み合わせて新たな形で課題を解決することでもある。さらに積極的なプロジェクト管理と厳しい締切のおかげで、イノベーションが加速した。好奇心に基づく研究や何に使われるかわからない科学から生まれた発明の基盤がなければ、こうしたイノベーションは成り立たなかった。

政策そのものも斬新で、NASAの各部門の技術グループや外部の研究開発企業には紐つきでない資金が提供され、大まかな指針が与えられただけだった。昔ながらの上意下達の口出しがなかったことで自由な発想と斬新なソリューションが生まれた。[4] 言い換えると、強力なイノベーション体制があったのだ。

命がけの選択

アポロ11号のミッションでも、心臓が止まるような瞬間が幾度となくあった。管制室のスタッフはみな若く、高度な教育を受け、勇敢で、昼夜を問わず働いていた。彼らが、アポロ11号ミッションの司令官であるニール・アームストロングによる人類初の月面歩行を導き、バズ・オルドリンを月着陸船であるイーグルに乗せて月面へと送った。管制室からは複数のコマンドが同時に発信される。そのデータは何を意味するか？　若きスタッフはとっさに判断しなければならない。それは複雑な問題解決の連続だった。

アームストロングとオルドリンが乗ったイーグルの月面降下を誘導する際、管制チームは「着陸か中止か」の二者択一を立て続けに迫られた。何かが間違うと、墜落という恐ろしい結果が待っている。この生死のかかった単純な二択には、膨大なデータが必要だった。そのデータが大きなドラマを生むこともあった。月面降下中にイーグルのコンピュータが予期せぬエラーで赤く点滅したのだ。23歳のエンジニア、ジョン・ガーマンは、自分で書きためたリストから、それがコンピュータの過負荷を示す点滅だとわかった。イーグルが軌道を外れたことを示すものではなかった。27秒のあいだに、司令室は「降下続行」の決断を下し[5]、イーグルは無事に着陸できた。

イノベーションは試行錯誤からしか生まれない

アポロをはじめとするミッションから得られる貴重な教訓は、リスクを取り新しい情報や状況に適応することの大切さである。イノベーションは試行錯誤を通して生まれるもので、失敗を恐れればイノベーションと学習は望めない。

近代ロケットの生みの親であるロバート・H・ゴダードは、少しの成功にたどり着くまでに長年実験を重ねていた。当時でも、最高到達点がわずか1・6マイルに届いただけで、すべてに失敗している。ゴダードは、比較的少額の資金で実験を行っていたとはいえ、あきらめても無理はなかった。だが、彼はすべての「失敗」を成功につながる一歩と捉え、ロケットの性能を証明するミッションに取り組んだ。

当時の管制室の平均年齢は26歳。政府機関の仕事には大きな意義があるばかりか、リスクテイクが明らかに歓迎されていることが魅力だった。NASAは退屈な官僚組織とはほど遠い、世界一エキサイティングな場所だったのだ。

教訓③　組織改革：俊敏さと柔軟性

リスクテイクが組織内部ではぐくまれることもあれば、抑えられることもある。役所はノロいというのが、私たちに染みついた考え方だ。でも本当は、役所があったほうがいいかどうかより、役所を創造性と実験に満ちた活気ある組織に変えるにはどうしたいいかを考えたほうがいい。

NASAも大企業と同じで、縄張り意識や部署間のコミュニケーション不足に悩まされていた。マーシャル宇宙飛行センター所長のフォン・ブラウンは、「重力には打ち勝てても、事務処理には負けることがある」と語ったほどだ。それでもNASAが成功できたのは、時間をかけて小回りのきく官僚組織をつくり上げたからだった。NASAのトップが目標を掲げ、プログラム担当者と研究所のリスクテイクと努力にすべてが委（ゆだ）ねられた。管理はトップダウンだが、実行とリスクテイクは現場に分散された。[6] しかし、この組織構築には時間がかかった。

タテ割りが人命を奪う

1967年の運命の日、アポロ1号の地上テストを準備していたガス・グリソムは、NASAの部門間でコミュニケーションがとれないことにイライラしていた。地上と宇宙船でコミュニケーションがとれず、グリソムもほかの宇宙飛行士も、わずか100メートル先の管制室の指示が聞き取れない。「何てこった。ふたつか3つ先の建物でも話せないのに、どうやって月に行くんだ?」とあきれていた。グリソムとチャフィーとホワイトが命を失ったのは、その数時間後だった。

アポロ1号の火災の原因はもちろん、異なる部署や人々のコミュニケーション不足だけでなく、技術的な欠陥でもあった。月に到達するためには、管理と組織の全面的な見直しが必要なことは明らかだった。宇宙飛行士、設計者、エンジニア、そして管制室がお互いに率直に話し合い、協力できる環境が欠かせなかった。これまでにないほど、タテ割り意識を打ち破る必要があったのだ。

ベル研究所にいたジョージ・ミューラーがNASAの有人宇宙飛行局の責任者になったのは1963年。1969年まで、ミューラーはこの仕事を続けた。

10年計画の2年目に着任したミューラーは、NASAがタテ割りで意思疎通がないことに気づいた。組織も建物も急拡大していて、スタッフたちは話し合うことをしなかった。宇宙飛行士を地球軌道に乗せる計画であるマーキュリー計画(1958年から1963年)やジェミニ計画(1962年から1966年)に関わったスタッフはせいぜい300人から400人だったので、手に余ることはなかった。一方、アポロ計画(1960年から1972年)の山場には30万人以上が関わり、NASA以外に80カ国から2万の請負企業と200の大学が関わっていた。その管理はNASAの手に余るほどの巨大な課題だった。

この難題の規模がどれほど大きいかを示す一例が、司令・機械船の開発だ。NASAは、当時ノースアメリカンアビエーションと呼ばれていた会社に、このモジュールの仕様を細々(こまごま)と与えて製造を委託した。ノースアメリカンにとっては、これが初めての宇宙船開発だった。

1964年、NASAのシステムエンジニアであるジョージ・アビーが、進捗確認のためノースアメリカンを訪れた。そこでアビーが目にしたのは、混乱だった。

ノースアメリカンの社長は、このプロジェクトについてほとんど知識がなかった。エンジニア部門と企画部門は連携が取れておらず、迫ってくる締切に押しつぶされそうになっていた。担当チームは、何カ月もNASAとモジュールの設計で合意できずに腹を立てていた。ノースアメリカンが請け負ったサターンVの第2段階の開発でも、同じ問題が起きていた。

システムマネジメントの発明

ミューラーたちは、コミュニケーションの悪さがNASAの経営における最大の障害だと考えた。ミューラーはかならずこの問題を解決すると心に決めて、結果的に組織のあり方を大きく変えた。

彼が提唱したのが「システムマネジメント」である。

システムマネジメントとは、「システムエンジニアリングが問題の物理的側面のすべてを可視化するのと同じように、マネジメントに関わるすべての要素を全体として可視化する仕組み」だとミューラーは言う。つまり、システムエンジニアリングを使ってプロジェクトを管理し、システム管理者が「問題が起きる前に複雑な手続きの本質と関わりを認識できる」ようにすることだ。

システムエンジニアリングの起源は20世紀初頭にさかのぼり、アメリカでは大陸間弾道ミサイル「ミニットマン」の製造プロジェクトなどに応用されていた。

システムマネジメントとは、「部分ではなく全体を見る」概念である。これはそもそも部門横断的な考え方で、NASAに欠かせない要素でもある。「特定のシステムにかかるすべての力を真に理解する必要があり、『どんなことでも』取り入れなければ、システムがきちんと機能しない」とミューラーは語っている。[7]

システムマネジメントの狙いは、システム全体を理解してプロジェクトを管理することで、それができれば複雑な要素が適切に統合されるようになる。NASAの問題の多くは統合の失敗であり、また、プログラムの各要素を――部品などのハードウェアはもとよりそれ以外の要素も――技術的に統合しスケジュールに間に合わせる難しさによるものだった。システムを統合するには、バラバラのチームと専門家（請負業者、科学者、エンジニア、軍人、管理者）をつなぎ、組織横断的に全体像を理解することが必要だった。

マトリックス管理

そのために、管理システム全体が根本的に見直された。計画、記録、検査、テストを含むすべてが見直され、大規模な部門横断チームの協働体制がつくられた。

ミューラーは、新たな管理部門を設置し、コミュニケーションを劇的に改善しようと試みた。「マトリックス管理」システムを立ち上げ、NASAの5つのセンター（プログラムコントロール、システムエンジニアリング、テスト、信頼性、フライトオペレーション）の長がミューラーに直接報告し、センター内のチームはミューラーとその直属の上司の両方に報告することにした。

各センターのチームはそれぞれ、他のセンターや他のチームの担当者と話をするよう求められた。この「5つの箱」構造によって、5つの本部チームも同じ構造となり、部門どうしの緊密なやりとりがうながされた。主要分野にひとりずつ担当がはっきりと決められ、習得した知識を伝達することになった。その結果、計画と管理は中央に集中させながら同時に実行は分散できるようになった。

ミューラーは、この原則を請負企業にも広げた。請負企業がプロジェクトの全体像を把握できるよう、NASAの現地で仕事をすることが勧められた。また、請負企業の経営者との定期会合や、NASAと請負企業の専門家どうしの会合が頻繁(ひんぱん)に開かれるようになった。また、ミューラーは請負企業の経営者との個人的な交流を深め、工場を訪問し、時にはスピーチを行うこともあった。経営者に直接電話して、細かい機器の問題を聞けるほどに親しくなるよう努めた。

また、サプライヤーとの契約書を書き換えて、締切に間に合わせるインセンティブを与えた。そうしなければ、ケネディの夢を実現できそうになかった。契約を書き換えることで、NASAの技術者たちもまた本当に必要なことに集中できた。

さらにミューラーは、プロジェクト全体を小さな課題に分割し、宇宙飛行士と管制室のあいだの通信や月着陸船の設計など、それぞれの担当者が指揮をとるようにした。

この柔軟で風通しのいい体制は大成功し、民間企業もまねをしはじめた。ボーイングはこのやり方を747の開発に取り入れ、747も1969年に初飛行に成功したのだった。

上下左右に情報を行き渡らせる

明確な指揮命令系統はあったものの、組織のタテにもヨコにもコミュニケーションが広がった。上にも下にもプロジェクト全体に情報が行き渡るようになった。すると未知の複雑な問題を、プレッシャーの中で直ちに解決する覚悟と準備が生まれていった。シミュレーションと実験が、継続的な学習につながり、部門間の意思疎通は活発になった。スタッフは状況の変化に追いつけるようになった。かつての伝統的なタテ割り組織よりもはるかに風通しがよくなり、「プログラム全体で何が起こっているかをみんなが理解できる」ようになったのだ。

「コミュニケーションが自由で簡単になり、上司に手足を縛られなくなった。これが成功の鍵だった。多くのプログラムが失敗するのは、それぞれが自分のすべきことを理解していないからだ」とミューラーは語っている。[8]

試練を乗りこえる

ミューラーの改革が、アポロ計画の成功に必須だったことは間違いない。とはいえ、すべてが順風満帆だったわけではなかった。

司令・機械船の初期テストを行った宇宙飛行士は、設計と製造に深刻な問題があると内々にこぼしていた。１９６１年から１９６７年までの有人宇宙計画の最初の数年間、ＮＡＳＡは数々のフライトを成功させ、マーキュリー計画とジェミニ計画に莫大な資金を投入したが、これら初期の有人飛行に没入しすぎて、人を月に連れて行くための宇宙船の設計と製造がおろそかになっていた。宇宙飛行士の不安が的中してアポロ1号は大惨事となり、計画そのものが中止になるかと思われた。

宇宙飛行士もテストパイロットも、ミッション中に惨事が起こりうることは想定していたが、地上での打ち上げテスト中に命を失うのは想定外で、計画の存続さえ疑われても仕方がない。学習速度を上げなければ後がなくなった。NASAでジェミニとアポロの主任運用管制官（2代目）を務めたジーン・クランツは、アポロ1号の火災から、ミューラーの努力によっても重要な問題がまだきっちりと解決できていないと考えた。

事故のあと、クランツはスタッフに檄（げき）を飛ばし、結果を出すことの意味を熱く説いた。うまくいかなかったシステムや手順に各人が責任を持て、と伝えたのである。宇宙飛行は危険と隣り合わせであり、持てる力をすべて投入しなければならない。だがここには別のメッセージもあった。スタッフは「もうだめだ、あきらめよう」とは思っていなかった。クランツは、管制室のメンバー全員に、それぞれのオフィスの黒板の一番上に、「タフで有能」と書き記させた。NASAが月に人を送り込むまで、この言葉を消してはならないとされた。[9]機械と同じように、管理システムにもつねにメンテナンスが必要なのだ。

半年間にわたる詳細な調査の結果を経て、司令・機械船の設計が見直された。それからの21カ月間、新たな活力とエネルギーが組織に満ちあふれた。NASAはアポロ2号の打ち上げを中止し、ほかのテスト飛行も延期して、改良の効果を確認した。

そして1968年10月、再設計された司令・機械船を載せたアポロ7号が初飛行し、ほぼ完全な成功を収めた。その1カ月後、NASAはこれまでになく大胆な決断を下し、地球周回軌道から離れた初の有人飛行ッションとなるアポロ8号を打ち上げた。こうしてNASAは当初の予定に戻った。

解決策をポートフォリオ化する

NASAが危機にどう対処し、経営を改革したかを見てわかるのは、組織や人々の積極的な参加と実験によって解が見つかるということだ。前もって選んでおいた解を何とかうまくいかせようとしても、無理がある。異なる解決策をポートフォリオにして実験することは、昔ながらの保険のようなものだ。すべての卵をひとつのカゴに入れない、つまり早くから決め打ちするリスクを分散によって回避するということだ。

リーダーの役割は、必要なデータを特定し、それが適切な人に届くようにすることだ。また部門や階層を超えて情報が自由に流れるようにし、その中での問題をつねに見直し続けることだ。実行機関のスタッフは、ポートフォリオの中のプロジェクトの結果を集約し、どれが一番うまくいっているかを見ればいい。ということはプロジェクト内外でリソースを配分し、進捗の目安と技術目標を決定する自由がどのミッションにも必要になる。

ミッション志向のイノベーションシステムを運営するには、リーダーシップが必要になる。NASAのように、リーダーがリスクを取り、変化に適応し、最高の人材を集めなければならない。

ミッションを遂行する機関が充分な裁量を持ち、自らの権限でリスクを取れる環境が必要だ。また、裁量があれば、変化に応じて斬新なテクノロジーを柔軟に開発する余地も生まれる。給与にも裁量を認めれば、複雑に絡まり合ったミッションを管理できる優秀な人材を確保することもできる。

こうした独立性、柔軟性、そして政府上層の支援を組み合わせることで、スタッフに力を与え、リスクを取ってプロジェクトを進め、ミッションを遂行することができる。同時に、有望でないプロジェクトには資金供給を止めることができる。

「複雑性の矛盾」を突破するには

政府がリスクを取り学習するには、いつもの縄張りを離れて、政策分野を超えて力を合わせ、相乗効果を見出していく必要がある。つまり全体が部分の総和より大きくなるようにしなければならない。

省庁や地域、地方自治体にまたがるミッションも少なくない。しかし、組織変革の必要が大きければ大きいほど、その実現は難しい。これが現代の公共政策における「複雑性の矛盾（コンプレクシティ・パラドックス）」だ。課題が複雑であればあるほど、政策は細分化され、競合する政府部門やプロジェクトに落とされる。[10] しかも、堅苦しく正式な手続きに従う複雑な組織構造によって、情報の流れが悪くなり、開放性が減り、創造性が失われる。

縄張りをなくすということは、ミューラーがやったように部門間のヨコのつながりを築くことだ。たとえば、大気汚染対策には、エネルギー、環境、交通、健康、財務など、関連するすべての部門横断で取り組まなければならない。各部門は明確な責任を持って貢献しながら、リーダーが部門間の連携を先導し、下からのイノベーションを刺激することで、相乗効果が生まれる。組織のイノベーションは、ミッションに必要な推進力であると同時に、その結果でもある[11]。

NASAの成功の鍵は「組織の分散化」

NASAの成功の鍵は組織の分散化だった。カリフォルニア州パサデナ（カリフォルニア工科大学の一部）にあるジェット推進研究所などの研究所に権限を委譲したことが奏功した。これまでの官僚的な手続きを迂回できたことも成功につながった。NASAの運営手法を研究したアーノルド・レヴィンが言うように、NASAのダイナミズムとスピードに欠かせなかったのは、「特定の金額までなら請負業者と自由に交渉し、プログラム間で資金を移動し、特別な許可なく新しい研究をはじめ、ある部門から別の部門へ人員を移動させるなどの裁量が与えられていた」ことだった。

上層部の戦略は、研究所に必要なものを与えて職務を遂行させ、NASAのミッションを見失わないように導くことだった[12]。

さらに、柔軟な調達と人事慣行によって最も優秀な人材を集め、最も革新的な企業と契約を結ぶことが可能だった。レヴィンはこう書いている。

NASAが成功した要因のひとつは柔軟性である。長官がこれまでにない人事ポジションをつくったり、競争入札なしで大きな研究開発契約を結んだり、予算を改編したり、資金を移動させたり、独自の入社試験を実施できる柔軟性があった。このような例は、体制からの逸脱ではなく、柔軟性の証拠だ。議会、予算局、公務員委員会はこうした例外を認めていた。こうした柔軟性によって、「変則的な動き」が可能になり、制度の硬直化が妨げられた。たとえば、これまでにない職種をつくることで、職員が維持できるばかりか、外部から新しい人材を招き入れて、外の刺激を取り入れることもできた。[13]

インターネットを生んだDARPAの柔軟性

国防総省の技術革新機関であるDARPAが設立されたのは、NASAが設立されたのと同じ1958年。DARPAは高等研究計画局ネットワーク（ARPANET）に投資し、それが今のインターネットになった。いずれも冷戦への投資から生まれた機関である。

DARPAもまたNASAと同じで、組織の柔軟性が際立っていた。政府から独立し、内部構造はフラットで、標準的な役所とは違う外部採用を行い、柔軟な請負契約を結ぶ。[14] DARPAではボトムアップのデザインが歓迎された。つまり、デザインは現場のプログラムマネージャーに任された。プロジェクトの選択に裁量が与えられ、積極的なプロジェクトマネジメントが行われた。

実際、DARPAがなければ、21世紀のイノベーションの原動力となったインターネットも生まれなかった。問題解決、リスクテイク、ヨコのつながりをうながす組織構造を深く理解することが、未来の変革を理解する鍵となる。

教訓④ 波及効果：セレンディピティとコラボレーション

リスクを取って大きな目標に向かっている組織が成功するかどうかは、誰にもわからない。イノベーションというものはそもそも、予測できない波及効果を生み出すものだ。あることの探求が別の発見につながり、研究開発から生まれた予想外のテクノロジーが、より広く経営と社会と経済に恩恵をもたらすことがある。たとえば、バイアグラは当初、心臓疾患の治療を目的としていたが、別の利用法が見つかったのだ。

偶然の発見（セレンディピティ）が受け入れられる環境で、イノベーションは進む。そこに複数の道が開かれ、未知の分野に進歩がもたらされる。

不確実性やセレンディピティを受容することは、官民を問わず革新的な組織に欠かせない。技術革新におけるセレンディピティが社会に大きな恩恵をもたらすことは、次のような逸話にある通りだ。

飢えた子どもよりロケットのほうが大事なのか

1970年、ザンビア在住の修道女、シスター・メアリー・ジュクンダは、NASAの科学部長エルンスト・ストリンガーに宛てて手紙を書いた。その内容はラルフ・アバナシーが案じたことと同じだった。[15] 地球にこれほど多くの苦しみが存在するのに、病気の子どもや飢えや格差を放置し、大金を使って月に行ったばかりかさらに火星に行くことが正義と言えるのか、と問いかけたのだ。これはまさに、1966年にマーティン・ルーサー・キングが上院で人種や都市の貧困問題について証言した際の問いだった。キング牧師はこう問うた。

「数年後、私たちは月に人を送り、最先端の望遠鏡を使って密集と衰退と混乱が深刻化する地球のスラム街を見ることができるでしょう。どんな価値観があれば、これを進歩と呼べるのでしょうか？[16]」

ジュクンダ修道女の問いに対するストリンガーの答えは、優しく筋の通った明快なものだった。ストリンガーはまず、修道女の「探究心と思いやりの深さ」を讃えた。そして、宇宙予算はたしかに大きく、地球にも切実にお金を必要とする課題がいまだあることも認めた。宇宙予算はアメリカのGDPの0・3％であり、歳出の1・6％にすぎないが、それでも莫大な金額であるからには価値を問われて当然だと書いた。返信に同封したのは、1968年のクリスマスイブに月周回飛行中の宇宙飛行士ウィリアム・アンダーズがアポロ8号から撮影した、有名な「地球の出」の写真だった。[17]

人々を救う発明は「無駄」から生まれる

ストリンガーはジュクンダ修道女に、400年前のドイツにいた人のいい伯爵の話を聞いてほしいと乞うた。[18] 伯爵は、いつも自分の富を貧しい人たちに分け与えていた。ただし、分け与えるだけでなく創り出してもいた。小さな実験室でレンズを削り、そのレンズを筒に取りつけてちょっとした装置をつくっていた地元の変わり者に、お金を出していた。そのことで「飢えている人たちの苦しみははるかに大きいのに、職人にお金を使うのはもったいない」と批判されたが、この実験こそが、後に病気や貧困、飢餓との闘いに効果をあげた顕微鏡の発明への道を開いたのだ。

「伯爵は、研究や発見のためにお金の一部をあてることで、疫病の蔓延している地域にすべてを投じるよりはるかに多くの人間の苦しみを救ったのです」

ストリンガーはさらに、栄養、衛生、エネルギー、医療など、貧困に対処するための多くの重要な進歩が、一見目の前の課題とは関わりのなさそうな科学研究からもたらされたことを考えてほしいと説いた。科学の進歩はつねに、新しい知識を問題解決に適用しようとすることから生まれる——彼はそう綴っている。

「技術的問題を解決するなかで、大きな進歩は直接的な取り組みから生まれるのではなく、高い目標を設定するところから生まれるのです。それが大きなやりがいにつながり、想像力をかきたて、人々の最善の努力を引き出し、それがきっかけとなって次々と連鎖反応が起きるのです」

アポロ計画最大のイノベーション

アポロ計画で起きた技術革新とリスクテイクは、大きな波及効果をもたらした。中でも最も偉大なイノベーションは、コンピュータの小型化である。小型の月着陸船に誘導コンピュータを搭載しなければならなかったからだ。１９４０年から１９６０年代後半にかけて、電子機器の重量とエネルギー消費量は激減した。ＮＡＳＡ航空宇宙大使のジーン・クレイトンは、「重さ30トンで１６０キロワットだった電気式数値積分器とコンピュータを、重さ30キロで70ワットのアポロ誘導コンピュータにした」と言う。これはザトウクジラをアルマジロにしたのと同じだ。[19]

アポロ計画を主導したのは政府だが、企業との協力関係から数々の重要なイノベーションが生まれた。その始まりは当然、航空宇宙産業だった。アポロの基礎となる科学技術には、第二次世界大戦で重視されたミサイルや飛行機からロケットへの移行が必要だった。設計も、航空力学や快適性から、軽量性や安全性へと焦点が移った。

ロケットと宇宙船があっても、月に行くことはできない。月に行き着くためのナビゲーションシステムも必要だった。宇宙空間での航行法は喫緊の大きな課題だった。ポラリス・ミサイルには高性能の慣性航法システムが備わっていた。慣性航法システムの仕組みはおなじみだったが、大気圏外で使うとなると新たな問題があったため、これまでにないシステムとハードウェアが必要になった。

今回のナビゲーションシステムは、月面到達に必要な２機の宇宙船の両方に搭載しなければならなかった。宇宙飛行士を宇宙に運び、月軌道を周回し、再び帰還する母船となる司令・機械船と、司令・機械船から宇宙飛行士を運び出し、月に着陸させ、母船に帰還させる月着陸船イーグルの2機である。

そこで1961年にNASAがはじめて外に依頼したのが、誘導・航法システムの開発だった。選ばれたのは、マサチューセッツ工科大学（MIT）機械工学研究所だ。航空工学の専門家で研究所の創設者でもあるチャールズ・ドレイパーが、第二次世界大戦中に精密機器の開発と小型化でMITの名声を確立していたからである。

課題は山積みだった。航行誘導システムを新たに開発するだけでなく、月着陸船に搭載可能なこれまでにないコンピュータを開発しなければならなかったのだ。またこのシステムは、2機の船を制御するために必要なすべての情報を統合できるものでなければならなかった。

当時、そんなシステムは絵に描いた餅にすぎなかった。これまでにつくられたこともテストされたこともなかったのだ。アポロ以前の飛行機や宇宙船はいずれも、滑車やワイヤーでバルブを開閉していた。宇宙飛行士も、手動操縦に慣れたパイロットだった。しかし、手動操縦による月着陸では、燃料を使いすぎてしまう。また、従来の手動操縦装置は、月着陸船には重すぎる。

そこで考えられたのが、宇宙船のサブシステム制御、バルブの開閉、データの計算・保存などを行えるコンピュータシステムだった。しかし、これもまた難易度が高かった。油圧式から電子式への転換が必要になった。その上当時のコンピュータは今では考えられないほど巨大で、操作には多くのスタッフが必要で、信頼性も低かった。プログラムに従って飛ぶように求められた宇宙飛行士たちはコンピュータに幻滅し、宇宙に行ったら何より先に「このアホのスイッチを切ってやる」とこぼしていた。実際に、アームストロングは月面着陸の最後の数秒間、自動操縦装置を止めていた。

コンピュータの小型化と信頼性を実現する

コンピュータの開発は、電子業界のふたつの技術発展に依存していた。集積回路とソフトウェア開発である。ハードウェア開発を任されたのは、ドレイパーと共にポラリスを開発したエルドン・C・ホールだった。当時の小型コンピュータはクローゼットほどの大きさだった。ホールはそれを30キログラム以下の靴箱くらいまで縮めなければならなかった。

もうひとつ、大きな問題があった。コンピュータなんかに宇宙船の運航を任せることはできないと多くの人が考える中、小型で信頼性の高いコンピュータを開発し、コンピュータに仕事を任せられると懐疑派を説得しなければならなかったのだ。

集積回路の採用

ホールは小型化と信頼性を実現するため、大きなリスクを取った。

まず、当時発明されたばかりの技術だった集積回路、今でいうシリコンチップを採用したのだ。カリフォルニアのフェアチャイルドセミコンダクター社から大量の集積回路を買い入れて検証を行った。集積回路の採用には賛否両論あったが、ホールはこれしかないとアポロ計画の責任者たちを説得した。この時、ＩＢＭは別の誘導コンピュータを含む従来のテクノロジーをもとに、サターンＶの飛行制御システムを開発中だった。これらの集積回路なしには、必要な能力を持ったコンピュータの開発は間に合わず、それなしに月に到達することは不可能だということが、ホールにはわかっていた。

アポロ計画のピーク時、ＭＩＴはアメリカで製造されたチップの６割を買い入れていた。これが新たな技術を大きく後押しし、規模の経済によってチップのコストは削減された。

チップの製造企業は、アポロ計画をお墨つきとして、黎明期にあった技術の価値を世の中に示すことができた。集積回路は、アメリカのコンピュータ産業の土台になった。アポロの誘導コンピュータは、世界初の携帯型コンピュータと言っていい。実際、その性能は１９７０年代後半に発売されたコモドールＰＥＴやアップルⅡなどのホームコンピュータに匹敵するものだった。

「ソフトウェア」の登場

ソフトウェアもまた、大きな課題だった。今なら、ハードウェアの性能はソフトウェア次第だと当たり前のようにわかる。だが１９６０年代には「ソフトウェア」という言葉さえ存在していなかった。ＮＡＳＡがＭＩＴと交わした短い契約書の中で1行だけ、ＭＩＴ機械工学研究所が必要なプログラムを開発すると書かれている。マーガレット・ハミルトンは、ＭＩＴ機械工学研究所のソフトウェアエンジニアリング部門のディレクターで、アポロに搭載する飛行ソフトウェアの開発チームを率いていた。ハミルトンが、効率のいいプログラミング組織をつくり、ルールやったのだ。

プロトコルを明確にした。これがその後「ソフトウェアエンジニアリング」と呼ばれるようになったのだ。

ソフトウェア開発には、新しいスキルを持った科学者が必要だった。目標を達成できるかどうかは、何千行ものコンピュータコードを書く人たちの手にかかっていた。このプログラマーたちは、アポロ計画における最も創意工夫の才のある人材だった。ひとつには、プログラムをつねに修正し続けなければならなかったからだ。ソフトウェアがこれほど重要視されたのは初めてだった。プログラミングは複雑でお金がかかり、間違いも多く、慎重に考え抜く必要があった。それはミスが生死にかかわるような試みだった。

21世紀のすべてはアポロ計画の波及効果

当時の電子機器やコンピュータへの投資とイノベーションは、今日にも生きている。アポロのために開発されたハードウェアとソフトウェアはIT革命をもたらし、その社会的、政治的、経済的な大変動が今の生活につながっている。スマートフォンに搭載されているカメラや通信ソフト、集積回路といった技術の多くは、月面着陸と関連ミッションに由来する[20]（図1）。

意外だったのは、製品に対する考え方が180度変わったことだ。大型より小型のコンピュータが評価されるようになったのだ。モトローラはNASAから1550万ドルの契約を受注し、データのアップリンクとデジタルシステムを開発した。そこには、着陸時の緊迫した状況を家庭の視聴者に見せる技術も含まれていた。現在モトローラが製造している通信機器の基礎となったのが、この技術だった。

アポロ計画での官民協力と実験は、食品、医療、材料、生物学、微生物学、地質学、さらにはトイレ、航空宇宙工学、電子工学、コンピュータなど、ほかの多くの分野にも革新をもたらした。こうしたすべてのイノベーションが、物理的な製品から社会変革まで、数多くの予期せぬ波及効果を生み出した。NASAの技術革新から、コーニングウェア（ガラス製の調理器具）やテフロンだけでなく、より幅広い用途に使われる新素材が生まれた。アポロ1号の悲劇のあと、NASAは宇宙飛行士を高熱から守るため、防熱防火素材を開発し始めた。この素材が、今も消防士の防火服に使われている。

社会面では、アポロ計画によってコンピュータ・プログラミング分野が大きく発展し、これまでにない仕事が生まれ、その多くを女性が担うようになった。女性プログラマーは「コンピュータ」と呼ばれた。そうした「コンピュータ」の多くはアフリカ系アメリカ人で、初めは人種的に隔離された場所で働いていた。アフリカ系アメリカ人数学者のキャサリン・ジョンソンは、軌道力学の複雑な計算の達人で、超高速で計算ができた。彼女は1960年代のアメリカ社会の変化の象徴であり、その人生は2016年に公開された映画「ドリーム」で描かれている。

実際、最も重要な波及効果は、人に関するものだった。宇宙計画で訓練を受けた人たちの多くは、のちにNASAから民間企業に移り、アメリカで最も優秀な人材としてIT業界の発展に貢献した。

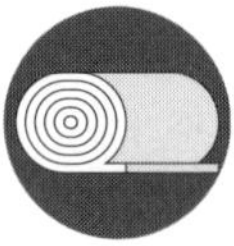

家の断熱材
宇宙は温度差が激しいことから、NASAはアルミ蒸着ポリエステルを用いた断熱材「ラジアント・バリア」を開発した。現在ではほとんどの住宅の断熱材に使用されている。

ジョーズ・オブ・ライフ
壊れた車から人を救出するための道具「ジョーズ・オブ・ライフ」はスペースシャトルの装置を分離するための爆薬を超小型化したものだ。

ワイヤレスヘッドフォン
通信技術の先駆者であるNASAは、宇宙飛行士が両手を使えるようにこのヘッドフォンを開発した。

形状記憶マットレス
形状記憶マットレスには、1970年代にNASAが航空機パイロットの座席を快適にするために開発したフォームが使用されている。その後、スペースシャトルにも搭載された。

フリーズドライ食品
NASAは宇宙食の研究を重ね、その中でフリーズドライの技術を開発した。栄養素の98%を保持しながら、重さは元のわずか20%。

調整可能な煙感知器
煙感知機を最初に発明したのはNASAではないが、NASAがこの技術を発展させ、洗練された警報システムをつくり上げた。

粉ミルク
現在の粉ミルクには栄養強化成分が含まれているが、この成分は、NASAが長期宇宙飛行のために藻類の利用を研究したことに端を発している。

義肢
NASAが開発した衝撃吸収材とロボットや船外活動との組み合わせにより、より機能的で激しい動きのできる義肢が現在つくられている。

マウス
1960年代、NASAの研究者がコンピュータをよりインタラクティブにすべく取り組んだことがマウスの開発につながった。

ポータブルコンピュータ
SPOCは、ノートPCの先駆けとなったGRiD Compassを応用してつくられた。その誕生には、ハードウェアの改造と新しいソフトウェアの開発が必要で、これによって市場が広がった。

図1　宇宙探索がなければ実現しなかった20のこと

カメラつき携帯電話
1990年代、ジェット推進研究所（JPL）は、宇宙船に搭載可能な小型で高性能なカメラの開発に取り組んだ。この技術は全カメラの1/3に使われている。

傷つきにくいレンズ
ルイス・リサーチ・センターでは、航空宇宙システム用のダイヤモンド・ハード・コーティング技術を開発し、後にその技術で特許を取得した。

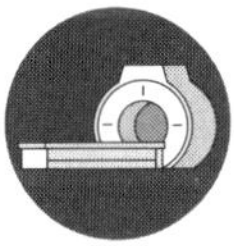

CATスキャナ
宇宙開発には、優れたデジタル画像が必要だった。JPLはこの技術の開発で主導的な役割を果たし、それがCATスキャナの誕生にもつながった。

LED
赤色LEDは、宇宙で植物を育てたり、地球上の人間を癒すために使われている。NASAで使われていたLED技術は、WARP10などの医療機器の開発にも役立った。

地雷除去
チオコール・プロパルジョン社は、NASAの余剰ロケット燃料を使って、地雷を安全に破壊できる装置を製造している。地雷を爆発させることなく、穴を開けて破壊することができる。

アスレチックシューズ
ナイキ社のエアトレーナーは、NASAが開発した宇宙服製造技術がなければ存在しなかった。このアイデアを最初に提案したのは、元NASAのエンジニアだった。

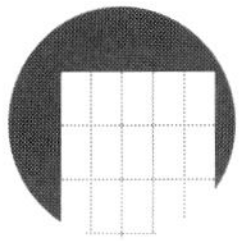

アルミブランケット
この金属シートは、NASAが宇宙空間で宇宙船や人を保護するために開発した軽量の絶縁体を発展させたもので、現在は地球上の過酷な温度環境下で使用されている。

浄水器
1960年代、NASAは宇宙飛行士の飲料水を浄化するために、電解銀ヨウ素剤を開発した。この技術は現在、娯楽用プールの殺菌に広く使われている。

ハンディクリーナー
ブラック・アンド・デッカー社は、月面でサンプルを採取するための軽量な装置の開発をNASAから依頼され、この技術をもとに、1979年にハンディクリーナー「ダストバスター」を開発した。

耳式体温計
NASAとダイアテック社は、赤外線天文学の技術を用いて鼓膜から放出されるエネルギー量を測定する、8オンスの耳式温度計を開発した。

ミッションは意志ある主体を選ぶ

こうした波及効果の多くは、たとえアームストロングが月に降り立っていなくとも、いずれ生まれていたかもしれない。だがアポロ計画によって人材と努力が結集し、イノベーションが早まった。

波及効果と同じくらい重要なのは、科学とイノベーション主導によるミッションの遂行過程である。異なる分野や業界の研究者が問題解決に向けて力を合わせることが、イノベーションを生み出す。「月に行って帰ってこい!」という命令は上から降りてきたものだったが、問題解決の方法はそれぞれの組織に任されていた。細々と指示されていたら、イノベーションは起きなかったはずだ。自由裁量が、新しいタイプのリスクテイクを可能にした。失敗も多かったが、その失敗もミッションの成功の一部だった。明確な目標を設定し、ボトムアップの実験を許容したことで創造性とイノベーションが刺激され、勝利の方程式が生まれた。

ミッションは意志ある主体を選ぶ。経済を横断して幅広く他者と協力する覚悟のある組織が、ミッションを遂行できるのだ。

教訓⑤　財務管理:成果に基づく予算編成

ミッションはたいてい長期にわたるが、予算は短期的で政治の風向きに左右される傾向がある。

表1　NASAのアポロ計画で実現した技術の例

分類	派生技術
消費者用	アスレチックシューズの衝撃吸収材
	コードレス・ポータブル機器（掃除機、ドリルなど）
	クオーツ精密時計
	振動感知式侵入者検知器
	フリーズドライ食品
産業用	ソーラーパネル
	液体メタン燃料
	地震シミュレータ
	断熱材・耐火材
	危険なガス検知器
	呼吸用補助器具
	冷却スーツ
	浄水技術
医療用	埋め込み型自動心臓除細動器
	プログラム可能なペースメーカー
	腎臓透析技術
	医療用画像処理装置（CAT、MRIスキャナなど）

当時、NASAの支出は莫大だと見られ、政治家や市民団体からも疑問視されていた。だが今となっては、アポロ計画は費用対効果の高い画期的なミッションで、IT革命につながる最も重要なイノベーションを生み出したと言われている。

乗数効果

マーシャル宇宙飛行センターの初代所長をつとめたヴェルナー・フォン・ブラウンは1964年の記者会見で、アポロ計画の費用について質問した記者に、「なぜ心配するのか理解できません」と答えている。NASAは「価値を生み出し、使った金額以上に財務省に返している」とフォン・ブラウンは考えていた。[21]経済学者がいうところの「乗数」効果、つまり1ドルの政府投資がそれ以上の効果を経済に与えることを、彼は平易な言葉で語ったのだ。

一連の支出と投資が別の金の流れを生むことを乗数効果という（たとえば、公共投資による橋の建設が、橋をつくる労働者の消費を引き上げるなど）。また、先ほど述べた、投資の波及効果が大きい場合も、乗数効果が生まれる。

１９６１年、ケネディは初の月面着陸にかかる費用を70億から90億ドル（２０２０年の価値になおすと６００億から７７２億ドル）と見積もっていたが、ＮＡＳＡ長官のジェームズ・Ｅ・ウェブはその倍の金額を出すよう勧めた。[22]このミッションは安く収まらないことをウェブはわかっていた。予算をケチれば失敗すると知っていたのだ。

結局、１９６０年から１９７３年（アポロ計画が終了した翌年）までにＮＡＳＡに降りた予算額は５６６億ドル（２０２０年の価値にして３２６８億ドル）[23]。アポロ計画の費用は、その半分弱の２５８億ドルである。１９５９年から１９７２年のあいだに、ＮＡＳＡの費用は政府支出総額の２・２％を占めていた。アポロの費用は同時期の連邦政府支出の１・１％にのぼり、40万人以上の労働者（ＮＡＳＡ職員、大学の研究者や契約社員を含め）がこれに関わった。１９５９年から１９７２年までの連邦予算の負債に対する利払い総額は１４０３億ドル、１９５６年から１９９１年に正式に完成するまでの州間高速道路建設の費用は１１４０億ドル（２０２０年相当では２１４６億ドル）である。[24]

ケネディ大統領はアポロ計画に莫大なリソースが必要であることを認め、これを「信念とビジョンに基づく行動」と呼んだ。だが、この夢を実現することと、その探求から生まれる波及効果

表2　アポロ計画のコスト 1960 〜 1973年

	実際のコスト	2020年相当のコスト
宇宙船	81億ドル	800億ドル
打ち上げロケット	94億ドル	973億ドル
開発・運用費用	31億ドル	282億ドル
プロジェクトの直接費用	**206億ドル**	**2053億ドル**
地上設備、給料・間接費	52億ドル	538億ドル
アポロ計画合計	**258億ドル**	**2600億ドル**
ロボットによる月面探査プログラム	9.07億ドル	101億ドル
ジェミニ計画	13億ドル	138億ドル
月面プロジェクト合計	**280億ドル**	**2830億ドル**

は予算とリスクを補って余りあると考え、「払うべきものは払わなければならないのです」と語った。[25]

つまり、費用でなく成果によってミッションを評価すべきだとケネディは言っていたわけだ。のちに議会はこの費用を疑問視することになるが、もし今の政府が行っているような費用対効果分析でアポロ計画が評価されていたとすれば、アームストロングとオルドリンが月に降り立つことはなかったはずだ。予期せぬ波及効果も生まれていなかっただろう。

費用ではなく価値創出でミッションを評価する

当時、宇宙開発競争に勝ちたいという政治的意図があったことは間違いないし、国家の自信と威信を高めたいという意図もあったはずだ。しかし、アポロ計画はもとより、ほかのミッションもまた、社会に価値を生み出しているか、長期にわたって効果があるか、また、経済活動を刺激して追加投資を生み出しているか、といった点で評価されるべきだろう。

このことは、コンコルドのような伝統的な（そして狭義の）大型航空機プロジェクトにも当てはまる。たとえば、その社会的価値をきちんと評価するには、ジェットエンジン技術、材料開発、製造技術、翼の形状など、それが業種を超えた投資やイノベーションを促進したかを見なければならない。経済的かつ社会的なミッションに関して問うべきは、「何を達成しようとしているか？」「どうやってそこに到達するのか？」「その目的を達成するためにどのような市場を創造したいか？」ということだ。

環境保護意識にあたえた影響

アポロ計画は、アメリカを地球の外へ向かう未来の冒険へと導いた。この冒険が、アメリカ初の宇宙ステーション・スカイラボへとつながり、１９７５年のソ連のソユーズ宇宙船とのドッキング、そして今日の国際宇宙ステーションへと発展し、「宇宙経済」の成長、スペースXのような地球低軌道での商業飛行を行うスタートアップ企業、火星へのミッションを狙った月への飛行につながっている。

アポロ計画は、人類が地球に永遠に縛られない可能性をかいま見せてくれ、この惑星の生態系の破壊を防げるかもしれないと私たちに考えさせてくれた。

同時に、有名な写真「地球の出」に象徴されるように、生命のない砂漠のように寒々とした月面と生き生きとした地球を対比させ、環境保護の重要性を浮き彫りにした。宇宙技術の開発は地球の生活から逃れるためではなく、地球の生活を向上させられることが示された――まさにスト

図2　アメリカ政府の主要支出のコスト比較

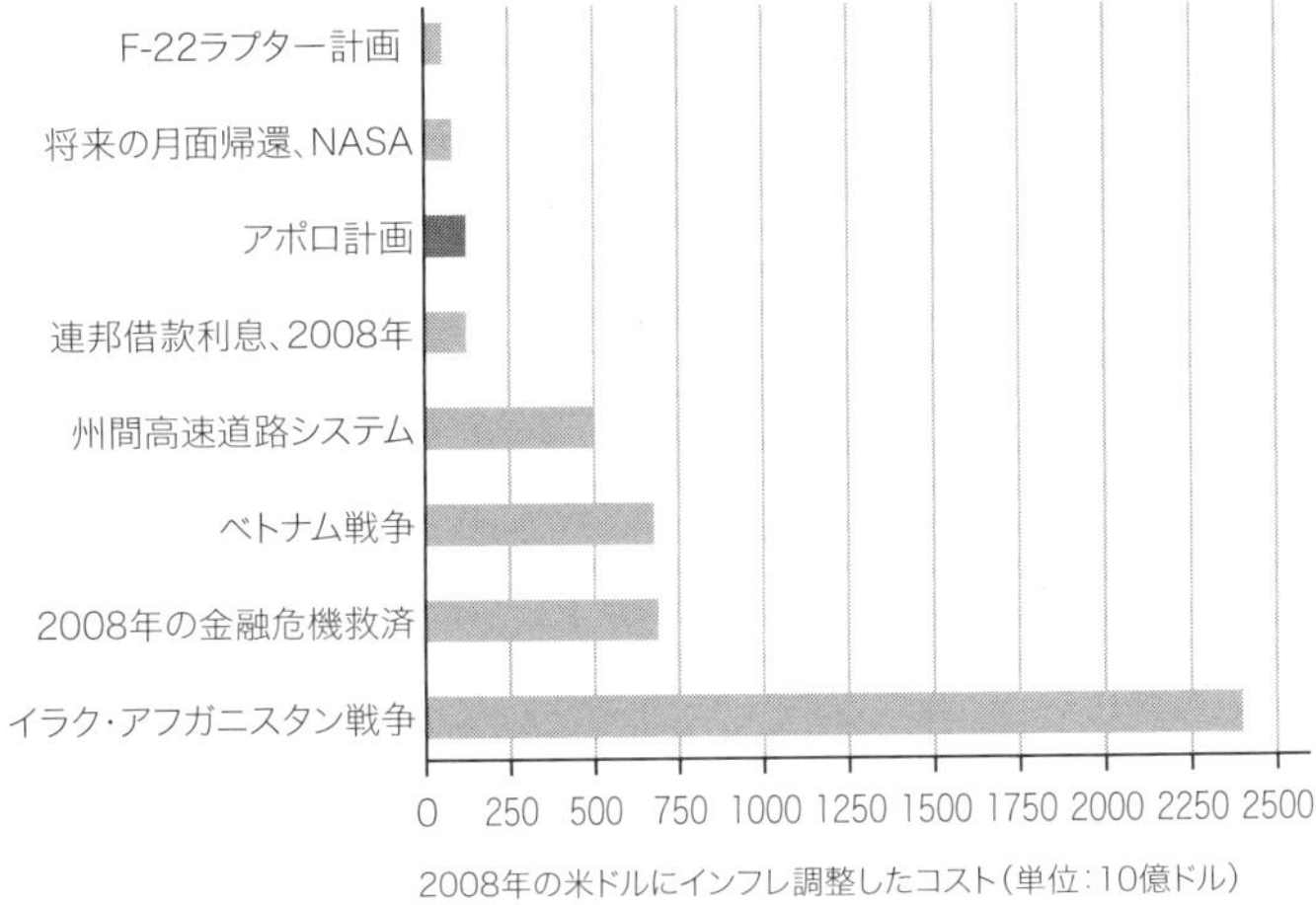

リンガーが説いた通りだった。

「予算」の概念を変える

アポロ計画の成果はみごとで、その影響は広く深い。まだピンとこなければ、図2にあるアポロ計画の明らかな費用対効果を見てほしい。[26]数値は２００８年の価値に換算したものだ。ベトナム、イラク、アフガニスタンでの戦争にかかった莫大な費用を考えると、アポロ計画が無駄づかいだったとはいえないはずだ。また、アポロ計画にかかった費用が、２００８年の金融機関救済予算７０００億ドル（２０２０年のドル換算で８３３６億ドル）の約４分の１であることも特筆すべきである。この値には、２００８年の金融危機が幅広く社会と経済に与えたコストは含んでいない。

これまで、予算といえば目標など定めずに各部門の調達をまかなうものとされてきた。一方で、アウトプットに目を向けるのが、成果に基づく予算編成だ。予算の目的は、その予算を使って達成すべき使命を果たすことにある。その目的が月に人を立たせるということもあれば、ホームレスをなくすこともあれば、次の章で紹介するカーボンニュートラルな都市を建設することもあるだろう。

教訓⑥　企業と国家：共通のパーパスをともなうパートナーシップ

アポロ計画のあいだ、NASAがコンサルティング会社を雇ってプロジェクト管理を行うことはなかった。民間企業と連携し、柔軟な調達契約を活用して、成果を上げられると見込んだ革新的企業に協力を求めた。NASAは誰かをあいだに挟まず、直接的な関係を求めた。

つねに業界最高のパートナーと組む

1958年にNASAの設立を謳ったアメリカ航空宇宙法は、NASAに「あらゆる個人、企業、団体、教育機関」と契約を結ぶことを許した。[27] この法律により、軍部と同レベルの厳格な調達指針の範囲内でなら、まだ生まれたばかりの革新的な機関であるNASAのニーズに合わせて、自由に請負契約を結ぶことができた。小規模な企業と協力するための資金も確保され、NASAは結果を出せそうならどんな組織とでも手を組むことができた。

国防総省とNASAがよく後ろ盾にしたのは1947年の軍隊調達法である。これにより、正式な広告を出さずに、他社より多少コストがかかっても業界最高のパートナーとすばやく組むことができた。

パートナー選定の決め手は、確かな能力と経験であって、コストは二の次だった。実際、ロケット打ち上げ機でマクドネル・ダグラス社と組んだ理由のひとつは、豊富な経験とこの仕事に必要とされる確かな能力だ。新しい調達先に頼めばさらに1000万ドルから2000万ドルの追加コストがかかり、打ち上げスケジュールも18カ月から30カ月遅れ、ケネディ大統領の目標を達成できなかったのは間違いない。NASAの調達責任者のアーネスト・ブラケットは、こう語っている。

……この仕事にはその性質と規模ゆえに、かなり特殊な技術力、管理能力、組織能力が求められます。こうした状況で、結果を出せる企業が1社しかないとは言えないものの、数ある企業の中でもたいていは特定の1社が際立って独自のスキルと必要な条件を持ち合わせていることが多いのです。[28]

パートナー間の競争をうながす仕組みをつくる

だが、1社だけに頼りすぎればNASAの交渉力が弱まることもわかっていた。そのため、信頼できて実力のわかった企業と協力しながら同時に「競争」もうながすような仕組みが必要だった。一番力のある企業を選びつつ、代替となる企業も複数確保しておかなければならない。これが実現できるような調達の仕組みづくりが何より難しかった。

ＮＡＳＡの交渉力を強めるような調達の仕組みづくりが成功の鍵になる。ＮＡＳＡはそれまでコストプラス方式（ＣＰＦＦ）を採用し、コストに手数料を加えた金額を委託先企業に支払っていた。だがこれでは、入札額が不当に低い企業や、成果を出せない企業、また管理の悪い企業を雇ってしまい、かえってコスト高につながることを防げない。むしろコスト削減のインセンティブはまったくなかった。

その後ＮＡＳＡは、パフォーマンスと効率の両方を上げるため、固定価格制に移行する。コストプラス制では利益と成果が結びついていなかったが、固定価格制なら、企業がより効率的に結果を出さざるをえない。

また、特定の基準（たとえばスピード）を満たせば追加のインセンティブも与えられた。品質と性能を向上させ、手抜きによるコスト節約が防げるように契約が設計された。企業と最適な「取引」を行い、ただ乗りを防ぐため、１９６２年には「超過利潤の禁止」条項を契約書につけ加えた。真っ当にもうけるのはいいが、宇宙を賭け事にしてはならない。過剰請求が横行したり、口先がうまいだけで成果の出せない企業（たとえば見栄えのいいパワポが得意な今のコンサルティング企業）に主導権を握られてはならないとＮＡＳＡは考えた。

外注すべきものとそうでないものを明確にする

NASAは外部委託先にすばやくはっきりと指示を与えながら、何を外注すべきか、すべきでないかを注意深く見極めていた。組織内に能力と専門知識がなければ、委託契約をきちんと交渉できない。契約には、明確な目標が盛り込まれ、どう達成するかは自由とされていた。プロジェクトの目標と委託契約は同時に決まっていた。委託契約はミッション統治の仕組みの一部だったからだ。NASAの役目は、ミッションを定義し、計画を立案し、指針を明確にし、評価基準を設定した上で、たくさんのイノベーションをうながして必要な製品やサービスを生み出すことだった。NASAのスタッフが基礎となる科学技術に精通していなければ、これはできない。そうした知識がなければ、委託先を賢く選ぶことはできなかったはずだ。

組織内の知識創造に投資する

さらに、組織内に専門知識を蓄えることで、民間企業に委託したあとの管理もうまくいくはずだった。発注元と委託先企業がそのテクノロジーを同じだけ熟知していれば委託先に『取り込まれる』こともなくなる。実際、ルイス、ラングレー、ゴダードといった組織内研究所での研究開発の目的は、NASA職員が最新の技術開発に後れを取らず、必要な自信と知識を備えて委託先企業と適度な距離を保てるようにするためだった。

またこれは、優秀な人材を採用するための策でもあった。優秀な科学者なら自分が開発に関わるのでなければNASAで働こうとは思わないはずだ。フォン・ブラウンの言葉を借りれば、トップ人材は「機械とその問題に関わっていたい」のだ。これをビジネススクール風に言い換えると、「吸収能力」を維持するということだ。組織内の知識創造に投資しておけば、チャンスに応じて外部機会を理解し柔軟に取り込むことができる。[29] １９６２年、予算局長のデビッド・ベルがまとめた大統領への報告書には、「いかなる状況下でも外部委託してはならない機能がある」「連邦政府の研究開発活動の管理と統制は、大統領と議会に対して明確な責任を持つ常勤の政府職員の手にしっかりと委ねられなければならない」と明記されていた。[30]

民間企業の投資

アポロ宇宙計画は、公共投資の成果であると同時に、多くの商業的な民間投資の成果でもあった（図３）。たとえば、ゼネラルモーターズは、支援船推進燃料と酸化剤タンクの開発に１５９０万ドル（２０１９年換算で1億40万ドル）を投じた。プラット・アンド・ホイットニー（当時のユナイテッド・エアクラフト）は、燃料電池発電機の製造に９５１０万ドル（約6億30万ドル）を費やした。エアロジェット・ロケットダイン（エアロジェット・リキッド・ロケット）は、支援船推進エンジンに1億１７６０万ドル（約7億４２４０万ドル）を投じ、ハネウェルは、安定化制御サブシステムに1億４１３０万ドル（8億９２００万ドル）を費やした。

月着陸船というイノベーション

民間企業とのパートナーシップがどう機能し、ＮＡＳＡの明確なニーズと優先事項が民間部門

図3 アポロ・ロケットへの民間企業の投資

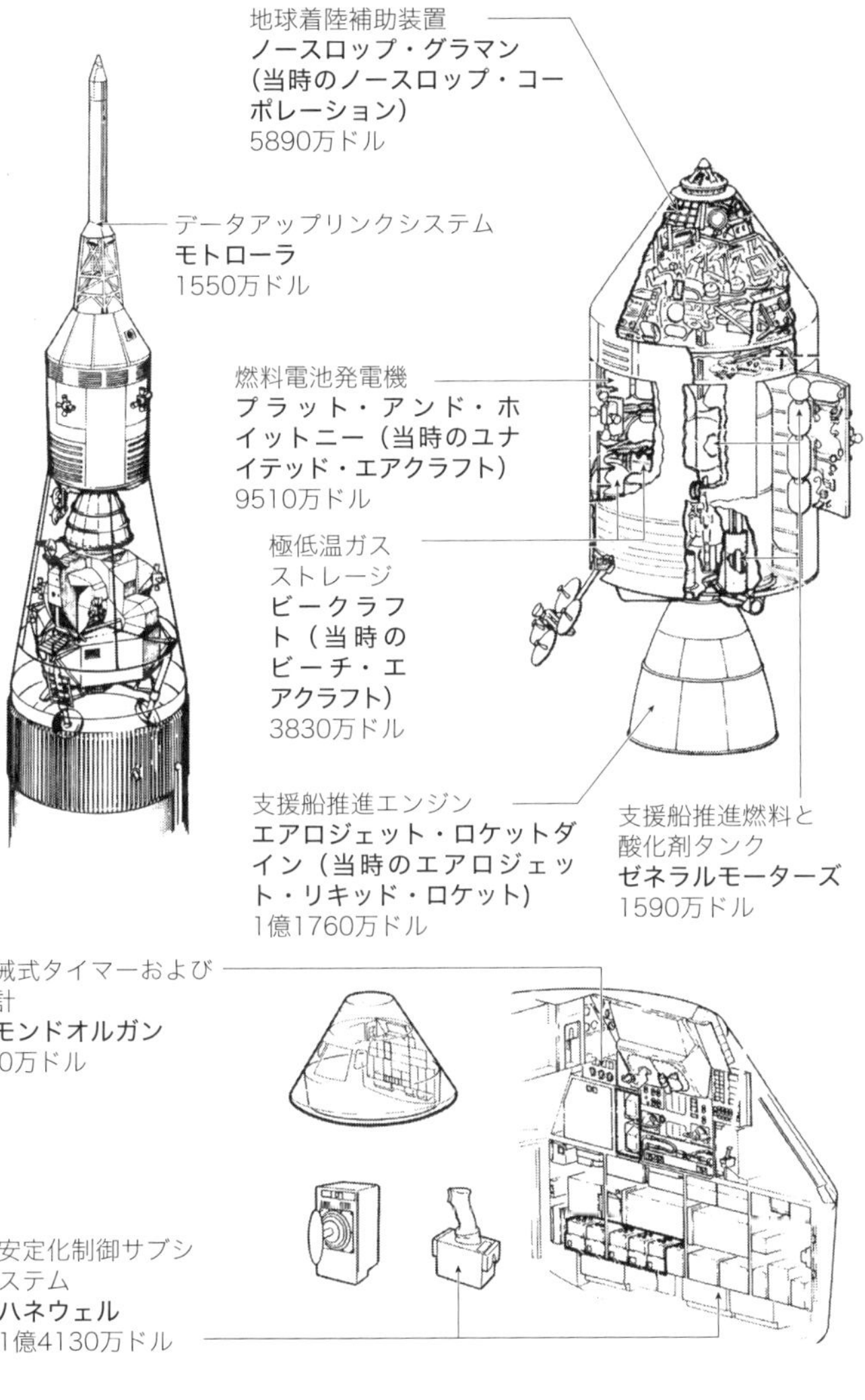
地球着陸補助装置
ノースロップ・グラマン
(当時のノースロップ・コーポレーション)
5890万ドル
データアップリンクシステム
モトローラ
1550万ドル
燃料電池発電機
プラット・アンド・ホイットニー（当時のユナイテッド・エアクラフト）
9510万ドル
極低温ガスストレージ
ビークラフト（当時のビーチ・エアクラフト）
3830万ドル
支援船推進エンジン
エアロジェット・ロケットダイン（当時のエアロジェット・リキッド・ロケット）
1億1760万ドル
支援船推進燃料と酸化剤タンク
ゼネラルモーターズ
1590万ドル
機械式タイマーおよび時計
ハモンドオルガン
320万ドル
安定化制御サブシステム
ハネウェル
1億4130万ドル

のイノベーションをどううながしたかを示すいい例が、月着陸船である。月着陸船は他に類を見ない技術的偉業であり、アポロ計画が生んだ真の最先端技術のひとつだ。

　ＮＡＳＡが月着陸船の製造契約を当時のグラマン・エアクラフト・エンジニアリング・コーポレーションに発注したのは１９６２年。それまでグラマンはこのような宇宙船を製造したことはなかった。

　人が宇宙を飛んでいるイメージといえば、最先端のかっこいい姿を想像するものだ。月着陸船はスマートでもかっこよくもなかった。飛ぶことを目的としたものにさえ見えなかった。しかし、月着陸船は究極の「機能遂行ロケット」だった。不格好に見えてそのすべてに意味があった。司令・機械船と違って月着陸船は地球の大気中を飛ぶことはないので、空気抵抗を考えなくていい。虫のような形の月着陸船には、別の方向に向いた目のような小さな三角窓がふたつと、ぽっかりと開いた口があり、多面体の上部にはたくさんのアンテナが立っていて、左右対称な下部には４本の足がついていた。

　最終的に使われた月着陸船は、当初の設計とはかけ離れたデザインだった。最初のうちはグラマンもどうこの仕事に取りかかったらいいのかわからない状態だった。グラマンは第二次世界大戦中の軍用機製造で評判を確立した企業である。月着陸船の設計にあたっては最初にヘリコプターを参考にした。表面は流線型で、ふたつの大きなガラスの球体から宇宙飛行士が外を眺められ、座りごこちもよかった。ＮＡＳＡが求めた重量は2万４５００ポンドで、当初のデザインは２万２０００ポンドだった。

　だがそのデザインを見たＮＡＳＡは、バッサリと拒否した。緊急事態のバックアップシステムがなかったのだ。もちろんバックアップのバックアップもない。月に人を送ればいいというものではなく、安全性が最優先されなければならなかった。

バックアップシステムの搭載によって仕事は大幅に複雑になり、月着陸船の重量は約2倍になった。グラマンは、重量、安全性、信頼性に対するNASAの厳しい要求を満たすため、幾度となくスケッチ段階にまで戻らなければならなかった。航空機メーカーの考え方を捨て、宇宙船メーカーとしてすべてを考え直すことが必要だった。重すぎるガラス窓を取り除き、座席も外した。

宇宙計画が進むにつれ、NASAは新たな要求をつけ加え、重量は増えていった。コンピュータによるナビゲーション、月面で宇宙飛行士を乗せる月面車、月で行う実験の機器も搭載することになった。

技術の限界を超えた解決策を出す

グラマンはまた、月着陸船の組み立てとテストを行うための高度な専門施設も建設しなければならなかった。埃(ほこり)や金属片で電気回路がショートしないよう、手術室よりも清潔な与圧室も設けられた。それでも、重量は相変わらず頭痛の種だった。たった1オンスでも減らすごとに、月面でのホバリング時間が延び、着陸場所を探す時間が増える。

グラマンは、取り組み方をいちから開発し、繰り返し改良を重ねていった。当時の技術の限界を超えた解決策を見出す必要があったのだ。たとえば、機体の外殻は厚さわずか0・3ミリで、アルミ缶や紙なみに薄かった。バズ・オルドリンは回顧録の中で、「ペンでも穴を開けることができた」と冗談まじりに書いている。

月着陸船を操縦した宇宙飛行士のひとりチャーリー・デュークは、月着陸船を「回転翼の代わりにロケットエンジンを搭載したヘリコプターのようなもの」だと表現した。空中停止と全方向への移動を可能にするには、繊細な出力制御ができるロケットエンジンが必要だった。グラマンのエンジニアに求められたのは、シンプルで信頼性が高く、始動と停止が可能で、高度、方向、速度を自在に流体制御できるエンジンをつくることだった。

月着陸船の最初の試験飛行日が近づいた1968年末になっても、グラマンはまだ重量削減の目処（めど）がついていなかった。思い切った決断が必要なことは明らかだった。そこで新しい管理システムを導入し、アクションセンターをつくり、日々の変化を大きなボードで確認できるようにした。わずか1ポンドを減らすために1万ドルを費やしたこともあったという。金属の表面を化学的に溶解する新しい加工技術が開発され、さらに軽量化が進んだ。最後に飛んだ機体の重量は約3万3000ポンドだった。

NASAがうながしたイノベーションのおかげで月着陸船の信頼性は非常に高く、1969年から1972年のあいだに行われた6回の月面着陸と離陸のすべてに使われた。

「商業化」を進めたければ「商業化」を考えてはいけない

NASAのミッションの本質は時代とともに変化してきた。官民の関係もそれに伴って変わってきた。1950年代と1960年代には軍事目的の開発がほとんどだったが、1980年代以降は経済力と国際競争力の向上が目的となった。

1979年、NASAのロバート・フロッシュ長官は、「宇宙の商業利用に関するNASAの指針」を作成し、民間部門との緊密な関係を築きはじめた。

レーガン政権は、国家宇宙政策を掲げて商業化をさらに進めた。1984年には、NASAに商業活動局を設置し商業打ち上げ法を設けて、複雑な手続きを簡素化し、民間の宇宙活動を促進した[31]。

1998年に可決された商業宇宙法では、「地球軌道上にある宇宙」の経済発展を国際宇宙ステーションの重要な優先事項とし、NASAのミッションに商業化を直接組み入れることになった。

この優先順位の変化に伴って、公的資金は明確な商業的成果をもたらすべきだという目標が明文化されるようにもなった。最近では、先端宇宙科学センター(CASIS)のような仲介組織が導入され、NASAと民間企業のあいだに入って研究開発や協力関係を管理するようになった。アポロ時代にNASAの高官は、組織内にプロジェクト管理のスキルと経験がなければ方向を見失うと考えて、仲介組織を使わなかった。だが今それがまさに起きている。

商業化重視の傾向は、政府による研究資金の目標に影響を与えている。NASAをはじめ、DARPAや国立衛生研究所(NIH)などの機関は、研究の成果を正当化するため、自らの科学技術基盤の「経済的価値」を証明したり、説得したりしなければならなくなった[32]。

皮肉なことに、雇用創出などの短期的な経済価値にだけ目を向けると、商業化は遅れる。逆に、ミッション志向の政策のほうが商業的な波及効果は大きい[33]。商業化を考えないほうが、商業化が進むということだ。協力関係や共通のパーパスを生み出すことも、消滅させることもやろうと思えばできるわけである。

さらに大きな教訓

ここにさらに大きな教訓がある。もしも、リスクを取るのは民間企業で政府は邪魔者という思い込みを捨て、政府が最も大きな不確実性を背負い、リスクを取れる組織になったらどうだろう？

変身した政府の姿を想像してほしい。トップダウンの堅苦しい役所が、現場の新しいアイデアを育てる目標志向の組織に変わったらどうなるだろう？　調達の仕方から、研究費の出し方、公的融資の仕組み、コストと予算の考え方まで、政府の何もかもが変わったら、どうだろう？　それがすべて、公共のパーパスを達成するためだとしたら？

このように考えて行動すれば、持続可能な都市に向けた新たなビジョンを実現したり、社会インフラ構造への民間投資をうながしたり、医療イノベーションへの投資をうながしたり、気候変動や感染症といった今の時代の大きな課題に取り組むことができるかもしれない。

MISSIONS IN ACTION

第3部

ミッションを実装する

――今、私たちが取り組むべき壮大な課題とは？

第5章

課題起点のミッションマップをつくる

今日のビッグイシューにミッション志向を適用する

月面着陸は、官民の力をひとつにし、人類がこれまで自身に課した最も困難な問題のひとつを乗り越えさせた。「宇宙競争でソ連を打ち負かす」ことは彼らの悲願だった。だが、幅広い分野にまたがるイノベーションとコラボレーションのきっかけになったのは、「10年以内に人類を月に送り、帰還させる」という、明確で大胆で差し迫った期限つきの目標だった。このミッションを達成するには、無数のプロジェクトから生まれるソリューションが必要だった。そこにはまた、リスクテイクと試行錯誤と数多くの失敗が不可欠だった。

これと同じ「ミッション志向」の原則を、どうしたら今日の地球上の最も差し迫った課題に適用できるだろう? 人々の生活をより良くすることに向けた勇敢なミッションを掲げるにはどうしたらいいだろう？

　ムーンショットとは、政府高官の個人的な趣味のような、地に足のつかない野心の追求ではなく、官民の大規模な協力によって成し遂げられる大胆な社会的目標だ。今の時代のミッションは、柔軟な社会システムと物理的インフラの上に成り立つものでなければならない。アポロ計画は、軍産複合体の支えがなければ決してうまくいかなかった。

　ミッション志向の取り組みを必要とする課題は山ほどある。国連の「持続可能な開発目標（SDGs）」（図4）は、17の最も重大な課題を掲げている。ここに掲げられているのは、海の浄化から、貧困と飢餓の削減、そしてジェンダー平等の実現まで、テクノロジーに関わる問題だけでなく、規制や行動変化を必要とする深刻な政治的課題だ。その意味で、これらの目標は月面着陸よりも難易度が高い。

　経済学者のリチャード・ネルソンは、代表作の『月とゲットー』（慶應義塾大学出版会）で、前述したラルフ・アバナシーの1969年7月15日の演説にも似た厳しい問いを投げかけている。[1]ネルソンは、月面着陸という困難な偉業を成し遂げるほどのイノベーションは起こせるのに、なぜ地球上の貧困や識字率、ゲットーやスラムといった課題に対してまったく足並みがそろわずテクノロジーも使えないままなのか、と問いかけた。政治が悪いのも一因だが、本当の理由は科学とテクノロジーだけではこうした問題を解決できないからだとネルソンは訴えた。

　ネルソンは正しい。社会課題はややこしい。それは社会と政治とテクノロジーと行動要因が絡み合う、「やっかいな」問題なのだ。たとえば、環境に優しい都市を実現しようと思えば、規制も市民の行動も、環境にいい素材を使うインセンティブも変えなければならない。それに比べれ

目標9
強靱なインフラを整備し、包摂的で持続可能な産業化を推進するとともに、技術革新の拡大を図る

目標10
国内および国家間の格差を是正する

目標11
都市と人間の居住地を包摂的、安全、強靱かつ持続可能にする

目標12
持続可能な消費と生産のパターンを確保する

目標13
気候変動とその影響に立ち向かうため、緊急対策を取る

目標14
海洋と海洋資源を持続可能な開発に向けて保全し、持続可能な形で利用する

目標15
陸上生態系の保護、回復および持続可能な利用の推進、森林の持続可能な管理、砂漠化への対処、土地劣化の阻止および逆転、ならびに生物多様性損失の阻止を図る

目標16
持続可能な開発に向けて平和で包摂的な社会を推進し、すべての人に司法へのアクセスを提供するとともに、あらゆるレベルにおいて効果的で責任ある包摂的な制度を構築する

目標17
持続可能な開発に向けて実施手段を強化し、グローバル・パートナーシップを活性化する

図4　17の持続可能な開発目標（SDGs）

2015年9月25日、新たな持続可能な開発アジェンダの一環として、貧困をなくし、地球を守り、すべての人に繁栄をもたらすための一連の目標が国連で採択された。2030年までに達成すべき具体的な目標がそれぞれに設置されている。

目標1
あらゆる場所で、あらゆる形態の貧困に終止符を打つ

目標2
飢餓に終止符を打ち、食料の安定確保と栄養状態の改善を達成するとともに、持続可能な農業を推進する

目標3
あらゆる年齢のすべての人の健康的な生活を確保し、福祉を推進する

目標4
すべての人に包摂的かつ公平で質の高い教育を提供し、生涯学習の機会を促進する

目標5
ジェンダーの平等を達成し、すべての女性と女児のエンパワーメントを図る

目標6
すべての人に水と衛生へのアクセスと持続可能な管理を確保する

目標7
すべての人に手ごろで信頼でき、持続可能かつ近代的なエネルギーへのアクセスを確保する

目標8
すべての人のための持続的、包摂的かつ持続可能な経済成長、生産的な完全雇用およびディーセント・ワーク（働きがいのある人間らしい仕事）を推進する

ば、人を月に送るほうが簡単である。第一世代のミッション志向政策は、「大きな科学で大きな課題に対処した」典型例で、特定の場合にはみごとに成功した（宇宙開発競争はいい例だ）。一方で、それが停滞をもたらしたり、長期的な問題につながった例もある（原子力）。

今の時代にミッション志向の考え方を取り入れるには、ただ題目を掲げるだけでなく、制度にイノベーションを起こして新しい市場を創造し、既存の市場をつくり変える必要がある。もちろん、市民の参加も欠かせない。

ミッションとその土台になるビジョンにとって重要なふたつの問題がここから浮かび上がる。ひとつ目は、「誰のビジョンか（誰が決めるのか）？」。月面着陸は人々の心に響く夢だが、上に立って命令していたのは白人のエリートだ。これでは格差や気候変動対策といった社会的目標を達成することはできない。

ふたつ目は、技術的な偉業を達成するミッションのほうが、社会的なミッションよりも人々の賛同を得やすいという問題だ。たとえば気候変動対策のようなミッションは間違いなく抵抗に遭いやすい。実際、カーボンニュートラルの達成というビジョンは多くの進歩的な政府が掲げた目標だ。そしてそれが選挙に負けた理由でもある。オーストラリアでもそうだった。２０１９年、労働党は気候変動をマニフェストの中心に据えたが、失業の増加を懸念され、選挙で負けてしまった。

このように、ビジョンを掲げるだけでは足りない。市民を巻き込むことが欠かせない。この点については、この章の終わりにもう一度戻ることにしよう。

ミッション志向アプローチとSDGs

国連が定めた持続可能な開発目標、いわゆるSDGsは、貧困、飢餓、気候、ジェンダー平等など、今私たちが直面している大きな課題を取り上げている。このすべてを2030年までに達成することが目標だ。ミッションとして掲げる課題を考える上で絶好の出発点となるのが、この開発目標である。[2]

SDGsの強みのひとつは、世界中のさまざまなステークホルダーを巻き込んでいることだ。これらの目標は、世界中の人々の広範かつ包括的な協議によって選ばれ、国際的に合意された世界規模の課題である。SDGsは、イノベーションを複数の社会問題やテクノロジー問題の解決にふり向ける大きなチャンスだ。それが公正でインクルーシブで持続可能な社会の実現につながる。

もうひとつの強みは、SDGsが、複雑で部門横断的な問題への対応策になることだ。こうした課題は、テクノロジーの変革だけは解決できない。いずれもわかりやすい解はなく、政治やテクノロジー、行動変革、フィードバックプロセスと社会課題がどう関わり合うかを深く理解する必要がある。その複雑さゆえに、どう解決するかを実践の段階や細かいターゲットに落とし込むことが重要になる。

SDGsのターゲット——169項目もある！——を達成するには、さまざまな参加者による特定のイノベーションと実験が必要になる。ミッション志向のアプローチはこの取り組みにピッタリ合う。多くのプロジェクト周りの実験を通してはじめて課題が解決でき、それが集まってミッションが達成されるからだ（無数の問題を解決してはじめて月に到達できたのと同じことだ）。

たとえばSDGsの目標7「エネルギーをみんなにそしてクリーンに」を例にとってみよう。

この目標は、2030年までに次の3つのターゲットを設定している。

（1）安価かつ信頼できる現代的エネルギーサービスへの普遍的アクセスを確保する

（2）世界のエネルギーミックスにおける再生可能エネルギーの割合を大幅に拡大させる

（3）世界全体のエネルギー効率の改善率を倍増させる

また、目標5「ジェンダー平等を実現しよう」にも6つのターゲットがある。

（1）あらゆる場所におけるすべての女性および女児に対するあらゆる形態の差別を撤廃する

（2）人身売買や性的、その他の種類の搾取など、すべての女性および女児に対する、公共・私的空間におけるあらゆる形態の暴力を排除する

（3）未成年者の結婚、早期結婚、強制結婚および女性器切除など、あらゆる有害な慣行を撤廃する

（4）公共のサービス、インフラおよび社会保障政策の提供、ならびに各国の状況に応じた世帯・家族内における責任分担を通じて、無報酬の育児・介護や家事労働を認識・評

価する

（5）政治、経済、公共分野でのあらゆるレベルの意思決定において、完全かつ効果的な女性の参画および平等なリーダーシップの機会を確保する

（6）国際人口・開発会議（ICPD）の行動計画および北京行動綱領、ならびにこれらの検証会議の成果文書に従い、性と生殖に関する健康および権利への普遍的アクセスを確保する

現実世界の課題にムーンショットの手法を当てはめることは、夢物語ではないし、簡単でもない。この数年にわたって、私自身がこの複雑なプロセスに直接参加し、ミッション志向の考え方を世界の政策立案の前面に押し出そうと助けてきた。本章では、この経験から得られたいくつかの教訓を紹介しよう。

「課題」にフォーカスすれば「技術」は後で追いつく

2017年から2018年にかけて、私は欧州委員会の諮問委員としてミッション志向のアプローチをイノベーション政策に取り入れるのを支援した。欧州委員会は、課題主導型の政策を大ざっぱには掲げていて、「賢く、インクルーシブで、持続可能な成長」を目指すとは言っていた。だがその実現に向けた明確な道筋はなかった。また、イノベーション政策は結果に重きを置いたもので、たとえば特定の技術への支援やスタートアップ企業の奨励には焦点をあわせていたが、

こうした政策をあわせても、成長に必要な革命的な変化を生み出せていなかった。

私は、論理の逆転が必要だと説いた。イノベーションによって解決したい課題に焦点をあわせれば、技術やスタートアップは後からついてくる。なによりインターネット自体がコンピュータへの注目から生まれたわけではなく、衛星を使った通信の必要性から生まれたものだ。

欧州委員会での私の仕事は、ふたつの報告書につながった。いずれもミッション志向のアプローチを説明するもので、ひとつはミッション志向のアプローチとは何かについて、もうひとつは政策レベルでミッションをどう「管理」するかについての報告書だった。[3]

課題起点の「ミッションマップ」をつくる

「ミッションマップ」は、「解決したい課題は何か?」という問いから始まる。その答えをゴールと位置づける。その課題に取り組むことで、さまざまな分野での投資やイノベーションが促進され、プロジェクトレベルで新たな協力関係を生み出す。[4] 図5はこのアプローチを描いたもので、課題からミッションを経て、具体的なプロジェクトを伴う分野別投資にいたるまでを示している。

この報告書をもとにして、EUのイノベーションプログラム「ホライゾン・プログラム」の中でミッションが法制化され、欧州委員会との長い政治的交渉のすえに5つのミッション分野が選ばれた。それから、ヨーロッパの社会全体(企業、アカデミア、市民社会や政策立案者など)のステークホルダーに返答の機会が設けられた。図6に、5つのミッション分野と、セクターをまたいだつながりを示した。

図5　ミッションマップ

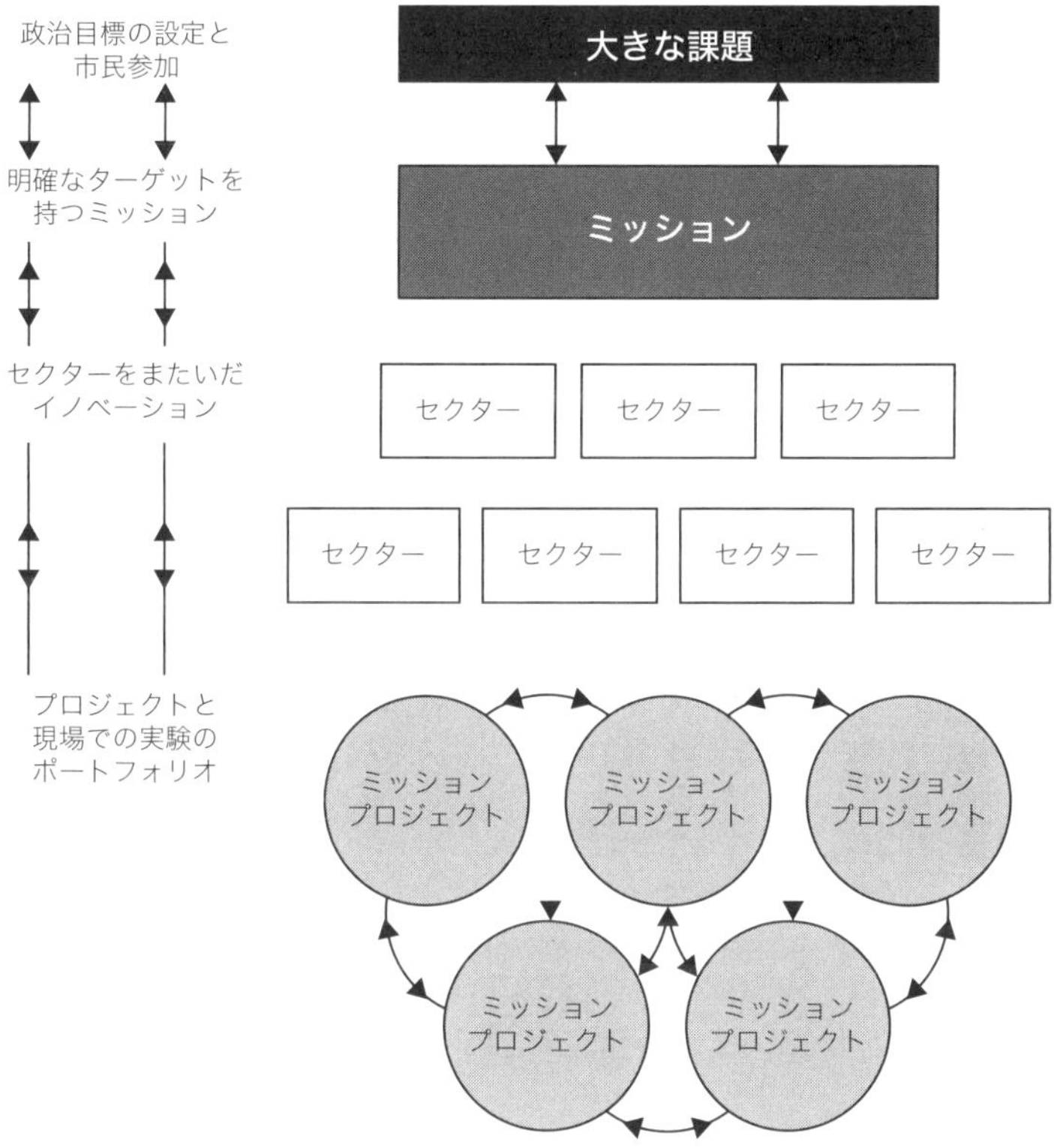
政治目標の設定と
市民参加
明確なターゲットを
持つミッション
セクターをまたいだ
イノベーション
プロジェクトと
現場での実験の
ポートフォリオ
大きな課題
ミッション
セクター
セクター
セクター
セクター
セクター
セクター
セクター
ミッション
プロジェクト
ミッション
プロジェクト
ミッション
プロジェクト
ミッション
プロジェクト
ミッション
プロジェクト

図6　EUが選んだ5つのミッション分野（およびその相互関係）

● 社会変革を含む、**地球温暖化**への対応
● **がん**
● **健全な海洋**、沿岸および内陸の水域
● 気候中立な**スマートシティ**
● **土壌の健康**と**食料**

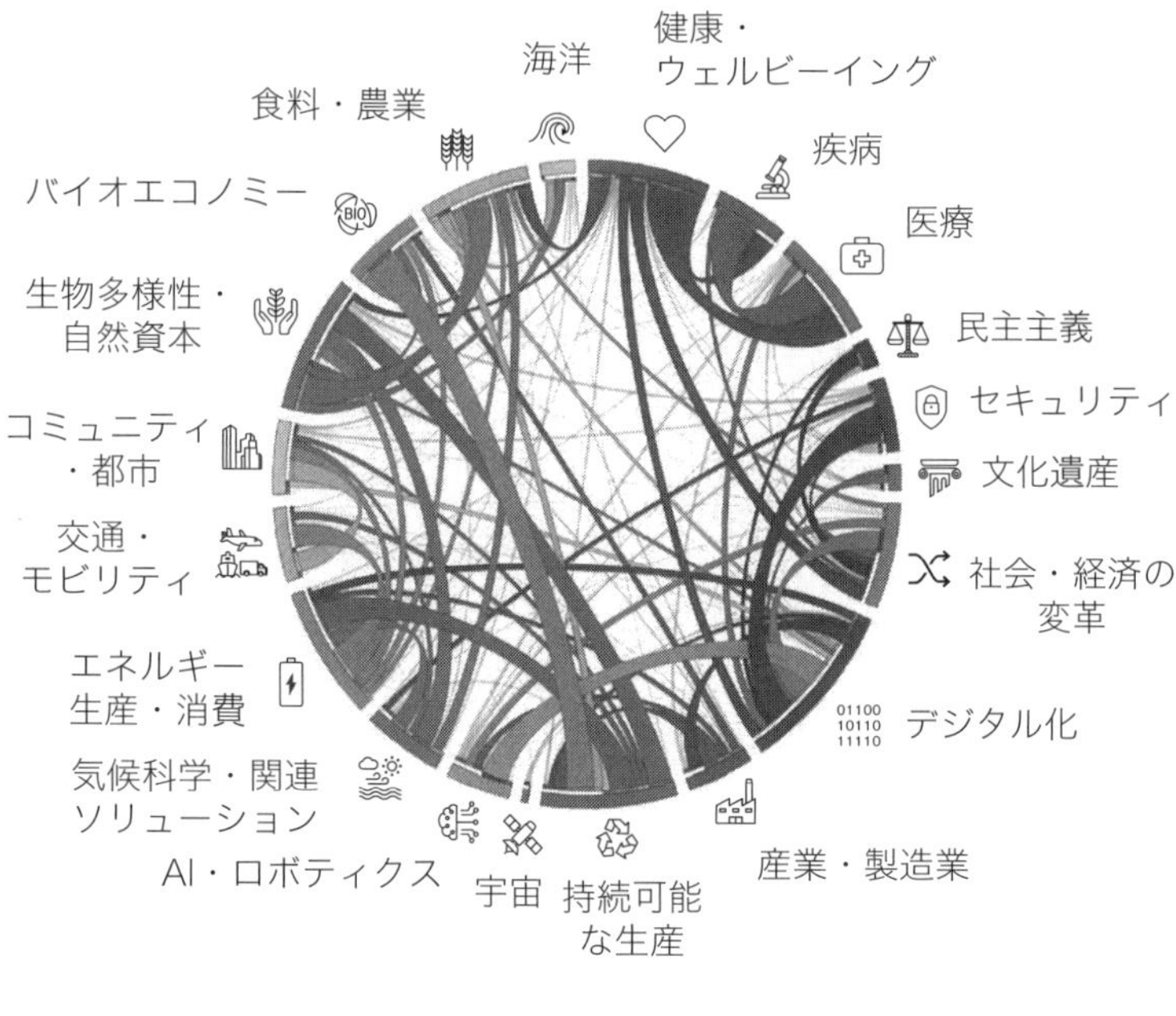

本づくりで大事にしていること

井上慎平

NewsPicksパブリッシング編集長。1988年生まれ。京都大学総合人間学部卒業。ディスカヴァー・トゥエンティワン、ダイヤモンド社を経てNewsPicksに。担当書に『シン・ニホン』『STARTUP 』『D2C』など。

ビジョン、イシュー、ソリューションの3つが揃った本であること。こういう世の中であってほしい、という願い(ビジョン)がまずあり、そのため、新たな論点(イシュー)を打ち出す。そして、それが絵に描いた餅に終わらないための具体案(ソリューション)も持つ、そんな著者の声を世に届け、揺さぶりたい。
思えばいつも、「世の中はすでに変わっているのに、仕組みや価値観が変わっていないがために生じるひずみ」を見つけては、それを本で解消しようとしてきた。本質的なモチベーションの根元は怒りかもしれない。すでに多くの人が取り組む問いを、より効率的に解く方法には惹かれない。答えよりも、新しい問いを見つけたときに何より興奮する。

富川直泰

NewsPicksパブリッシング副編集長。早川書房および飛鳥新社を経て現職。手がけた本はサンデル『これからの「正義」の話をしよう』、ディアマンディス&コトラー『2030年』、リドレー『繁栄』、近内悠太『世界は贈与でできている』など。

ビッグアイデア・ブック(新しい価値観を提示する本)であること。人間と社会の本質を摑んだ本であること。rational optimism(合理的な楽観主義)がベースにあること。そして、日本人には書けない本であること。最後の点について説明します。翻訳書ってお値段も張るし、日本人読者を想定して書かれていないのでピンとこない面ってあるじゃないですか。それでもぼくが海外の本を紹介し続けているのは、専門分野に閉じこもらず、「文系・理系」の垣根を越えた知見を総動員して大きなビジョンを示す胆力が、こうした本にはあるからです。

中島洋一

NewsPicks パブリッシング編集者、Brand Design ChiefEditor。筑波大学　情報学類卒業。幻冬舎、noteを経て現職。　担当した主な書籍に、宇田川元一『他者と働く』、石川善樹『フルライフ』、堀江貴文『君はどこにでも行ける』など。

おもしろい本であること。基準として、「この本を読むために生まれてきてよかった」という実感が最上級で、以降「この本のおもしろさに(一時でも)救われた」、「おもしろすぎて、(数ヶ月)頭から離れない」「(読後)ああ、おもしろかった」というような体験を大事にしています。
編集は、著者がすでに知っていることを深掘り、まだ知らないことを書き当て、高い純度で閉じ込める作業のお手伝いと心得ます。ビジネス書においても、ときに変化の痛みすら伴う深い学びを、快く受け入れ、鮮やかに記憶できるような編集を意識しています。

NEWS PICKS
PUBLISHING

大人に、新しい「問い」を。

なぜ、何のために働くのか。

価値を生むことと、お金になることは、イコールではないのか。
1兆円のビジネスを成長させた先に何があるのか。

わかり合えない他人と、どう関わっていけばいいのか。
差別や偏見に、打ち勝つことはできないのか。

すぐ役に立つ最適解。
すごい人が成功した秘訣。

それは今ここで、私が選ぶべき答えなのだろうか。

日々遭遇する「多面的な物事」を、
自分の頭で考えられる大人になっただろうか。

いくつもの問いが駆け巡り、不安をおぼえる。
そしてふと、期待が高まる。

今、私たちに必要なのは、
本質をとらえなおす新しい「問い」だ。

“経済を、もっとおもしろく”するなら、おもしろさの根源を。
“経済情報で、世界を変える”なら、世界の再定義を。

私たちNewsPicksパブリッシングは、
解くべき問いを立てなおし、無数の希望を創り出していきます。

この本を書いている今、それぞれの分野で具体的な目標が決まりつつある。たとえば、「がん」のミッションでは、単にがんの罹患率を下げるだけでなく、がんを克服した人々の生活の質を向上させるための政策や投資のあり方も検討している。「海」のミッションでは、単に海をきれいにするだけではなく、破壊された生態系を回復させることにも目を向けている。

ミッション分野は重なる部分も多い。食糧生産のバリューチェーン全体をより持続可能なものにしようとする「土壌と食料」のミッションは、必然的に「気候と環境に優しい成長」のミッションにも関係する。

ここで設定されるターゲットはセクターを超えたイノベーションと投資をできるだけうながすものでなければならず、そのためには、幅広い層の心に響くようなターゲット設定が大切になる。

ミッションマップ①「気候変動に具体的な対策を」

ここで、SDGsの目標13「気候変動に具体的な対策を」を例に挙げてみよう（図7）。ミッションマップのフレームワークを使って、気候変動という壮大な課題を、「100のカーボンニュートラル都市をヨーロッパにつくる」というミッションに落とすことができる。

この手のミッションには、多分野にまたがるイノベーションが必要になる。市民の移動パターン、電子政府、交通インフラ、栄養、建築基準まで、さまざまな分野が関わってくる。具体的には、公共交通機関の完全電化、建設業界向け炭素吸収材の開発、国民全員が自分の炭素排出量を把握できる炭素IDカードの作成、都市部の食のシステムと地方の有機農業を結びつける新しい

図7　ミッションマップ①「気候変動に具体的な対策を」（SDG13）

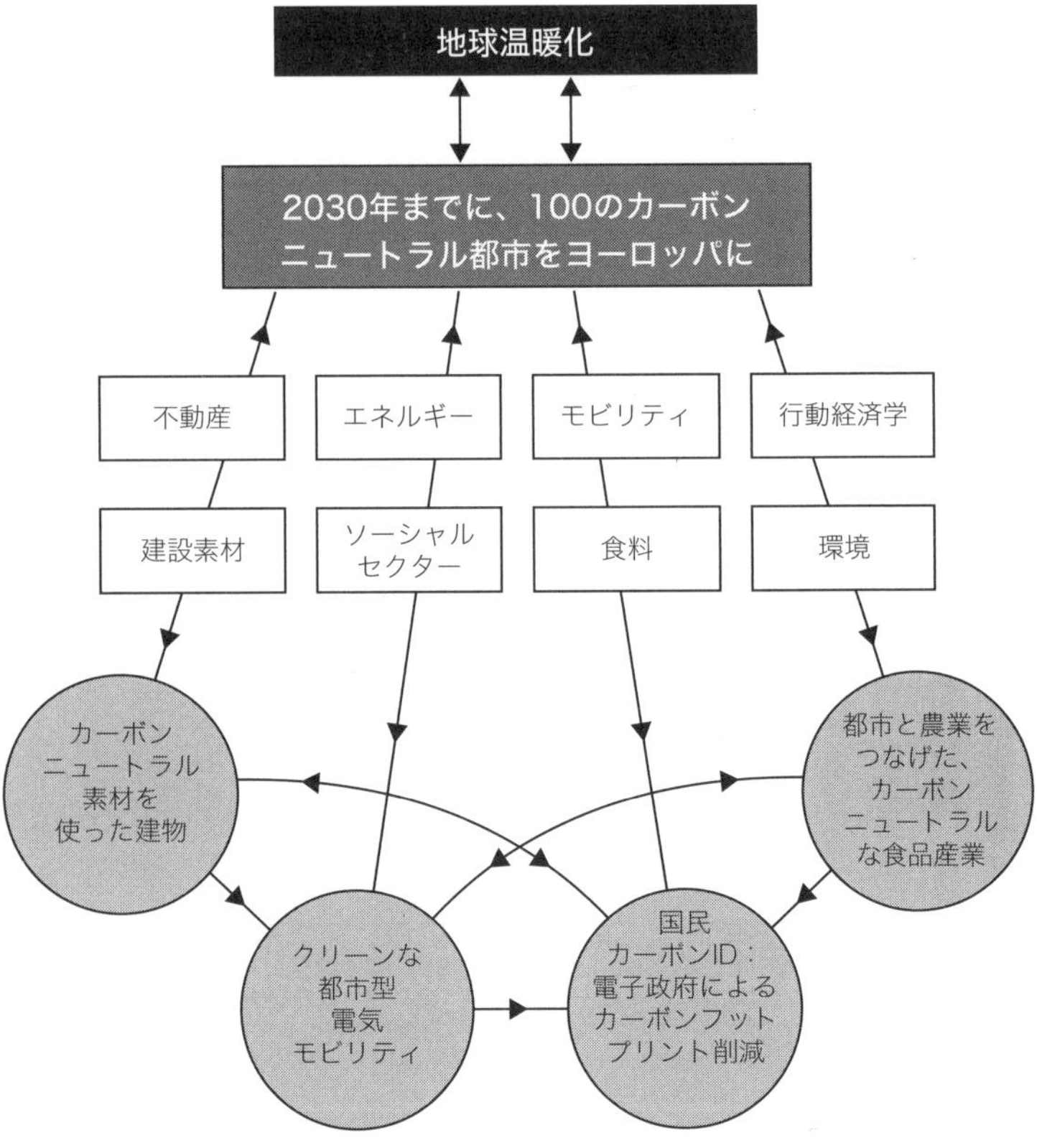

手法の開発といったプロジェクトがあげられる。

ミッションマップ②「海の豊かさを守ろう」

もうひとつのミッションマップの活用例が、目標14「海の豊かさを守ろう」(図8)だ。ここでは、海の生態系を破壊する大量のプラスチックゴミに焦点をあわせている。海からプラスチックゴミをなくすことは、巨大な事業だ。海洋分野はもちろん、デザイン、新素材、廃棄物処理、行動心理学など、ほかの分野も巻き込まなければ解決はおぼつかない。このミッションが無数のプロジェクトに広がりを見せることは、マッピングから一目瞭然だ。生分解性プラスチックの代替品から、画像認識技術のイノベーション、海洋での自律的なプラスチック除去メカニズムまで、いくつもプロジェクトが考えられる。

丸で囲まれているのは、前線のプロジェクトだ。丸を結ぶ矢印は、プロジェクトのコミュニティのあいだで交わされる新たな対話やコラボレーションである。政策立案者にできるのは、賞金制度や助成金、融資などの政策手段を使って、実行者の創意工夫をうながし、複数のプロジェクトを統合して、全体が部分の総和よりも大きくなるようにすることである。

取捨選択が鍵

ここから浮かび上がる問いは、ミッションを主導するのがその担当政府機関でいいのかという

図8　ミッションマップ②「海の豊かさを守ろう」(SDG14)

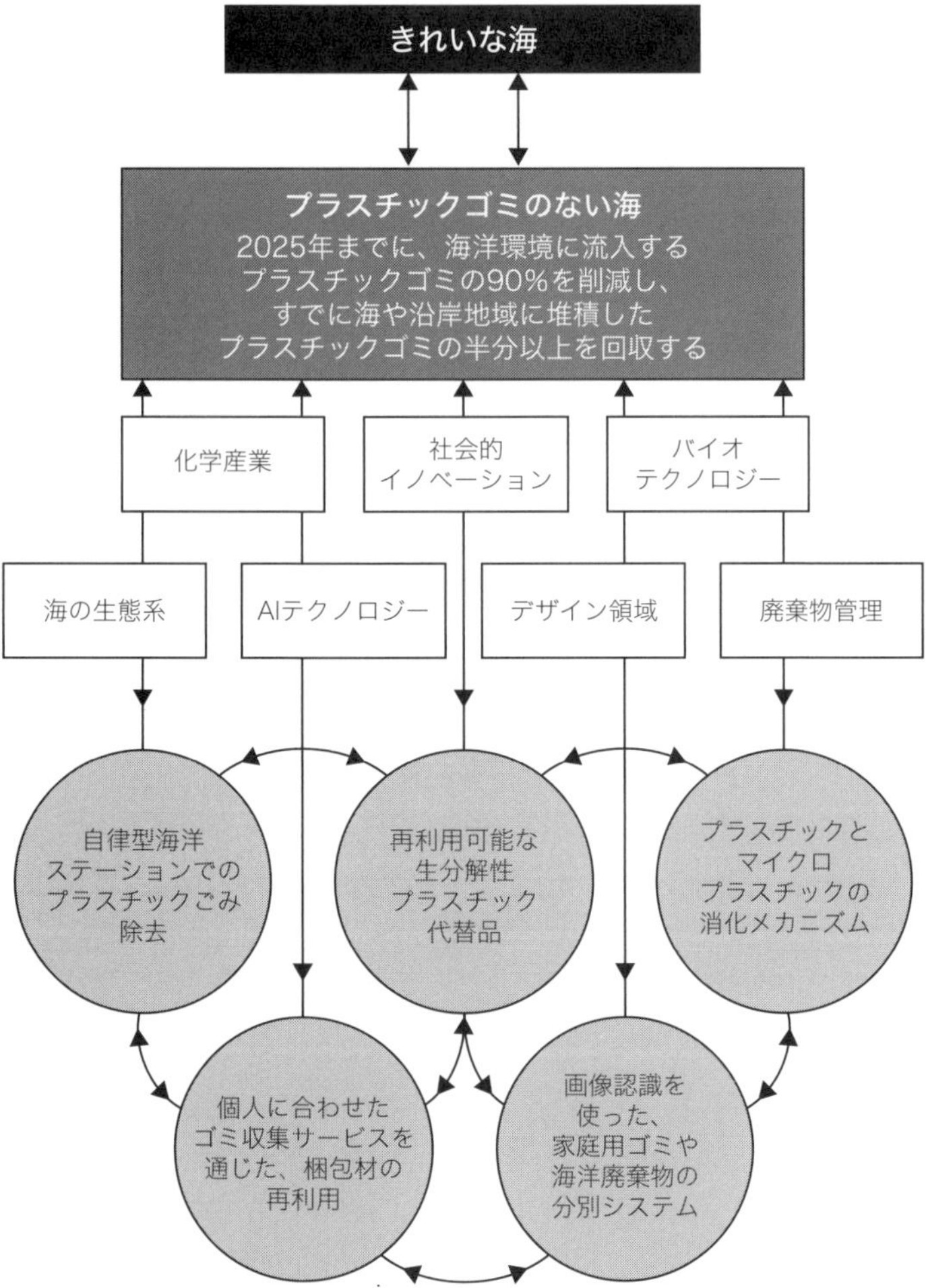
きれいな海
プラスチックゴミのない海
2025年までに、海洋環境に流入する
プラスチックゴミの90%を削減し、
すでに海や沿岸地域に堆積した
プラスチックゴミの半分以上を回収する
化学産業
社会的
イノベーション
バイオ
テクノロジー
海の生態系
AIテクノロジー
デザイン領域
廃棄物管理
自律型海洋
ステーションでの
プラスチックごみ
除去
再利用可能な
生分解性
プラスチック
代替品
プラスチックと
マイクロ
プラスチックの
消化メカニズム
個人に合わせた
ゴミ収集サービスを
通じた、梱包材の
再利用
画像認識を
使った、
家庭用ゴミや
海洋廃棄物の
分別システム

ことだ。月へのミッションを率いたのはNASAだった。DARPAはイノベーション機関として、リスクテイクと実験とポートフォリオ管理の仕組みが組織構造に組み込まれている。しかし、欧州委員会にはそのような機関がなかったため、新たに設置する必要があった。

今のところ、欧州委員会は「ミッション・ボード」を設置して、このボードが5つのミッション分野を先導し管理することにしている。ミッション・ボードは、分野ごとの具体的なミッションについて欧州委員会に助言を与え、実行周りの課題についてはそのあとにアドバイスする。

重要なのは、これまでのやり方を変えることだ。すべての人に役立つような幅広い計画を掲げるのはなく、莫大なリソースを必要とする特定のミッションを実行するために厳しい取捨選択を行うことである。

しかし、これは言うは易く行うは難しだ。そこで正当性のある選択を行う責任を負うのが、ミッション・ボードのメンバーとなる専門家だ。ただし、誰もが自分の縄張りを守るために、厳しい取捨選択をしたがらないというリスクはある。

欧州委員会がミッション遂行のため外部のパートナーを雇うかどうか、つまり外部パートナーに資金を与えてプロジェクトを委ねるかは、まだ定かでない。そうなると、もちろんDARPAのようなミッション志向の機関を自前でつくるのとは違って、政府の中核的な活動が外部に委託される際にありがちな問題が起きるのは前に書いた通りだ。一番いいのは欧州委員会自身がリスクを取って、ミッション志向の政策を行えるような能力を内部で育てることだ。しかし、そのためには、欧州委員会の総局すべてがミッション志向のアプローチを取り入れる必要があるが、組織の複雑さとタテ割り構造を考えると、現状では簡単ではない。

イギリス政府のアドバイザーとして私がやったこと

私は2017年に、イギリス政府のアドバイザーとして産業戦略にどうミッション志向のアプローチを取り入れるかについて助言した。これがきっかけで生まれたのが、「イギリスの産業戦略：この国の未来をつくる」である[5]。ここではモビリティの未来、環境に負荷のない成長、健康的な高齢化、AIとデータ経済という4つの課題を取り上げた。これを受けて、私は「ミッション志向のイノベーションと産業戦略委員会（MOIIS）」を立ち上げ、共同議長を務めた。

この委員会では、選ばれた4つの課題をそれぞれ具体的なミッションに落とし込む作業を、1年をかけて数十人の政府職員と共に行った。それぞれの課題について、みんなで力を合わせてミッションマップを作成した。

ミッションマップ③「モビリティの未来」

たとえば、「モビリティの未来への挑戦」（図9）には、多くの夢が盛り込まれ、交通、デジタル、金融、健康など、さまざまな分野のイノベーションを促進するような設計になっている。ここでは、「すべての人が利用できる移動手段」という大胆なミッションを掲げることで、障がい分野のイノベーションをうながそうともしている。坂を登るにも方法はいくつもあるはずだ。

図9　ミッションマップ③「モビリティの未来」

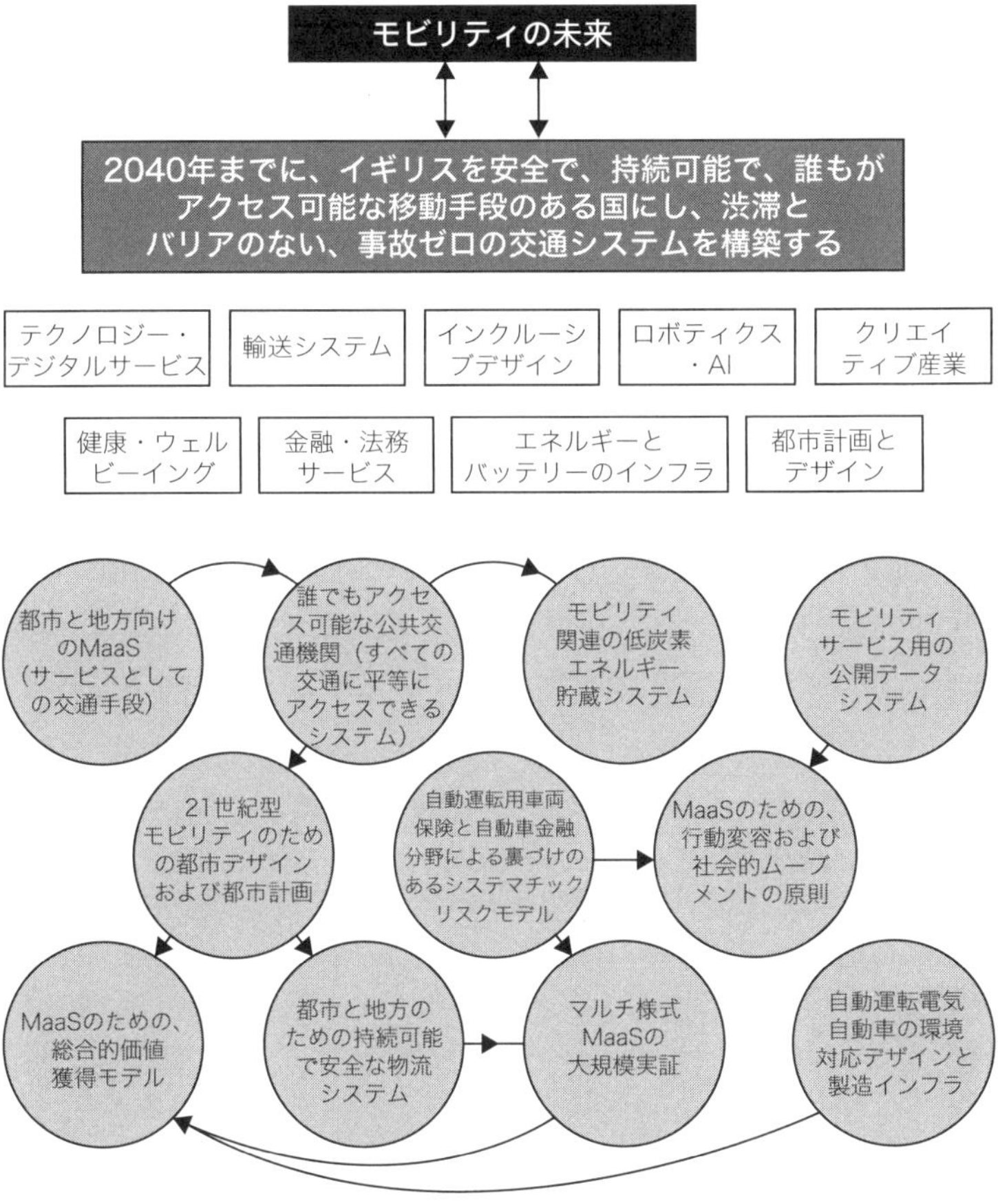

モビリティの未来
2040年までに、イギリスを安全で、持続可能で、誰もがアクセス可能な移動手段のある国にし、渋滞とバリアのない、事故ゼロの交通システムを構築する
テクノロジー・デジタルサービス
輸送システム
インクルーシブデザイン
ロボティクス・AI
クリエイティブ産業
健康・ウェルビーイング
金融・法務サービス
エネルギーとバッテリーのインフラ
都市計画とデザイン
都市と地方向けのMaaS（サービスとしての交通手段）
誰でもアクセス可能な公共交通機関（すべての交通に平等にアクセスできるシステム）
モビリティ関連の低炭素エネルギー貯蔵システム
モビリティサービス用の公開データシステム
21世紀型モビリティのための都市デザインおよび都市計画
自動運転用車両保険と自動車金融分野による裏づけのあるシステマチックリスクモデル
MaaSのための、行動変容および社会的ムーブメントの原則
MaaSのための、総合的価値獲得モデル
都市と地方のための持続可能で安全な物流システム
マルチ様式MaaSの大規模実証
自動運転電気自動車の環境対応デザインと製造インフラ

ミッションマップ④「健康的な高齢化」

また、晩年の健康的な生活に注目した野心的なミッションにも取り組み、ここでは孤独との闘いや自尊心の低下にかかわるプロジェクトが実施されている（図10）。

その年、私はスコットランド首相と密に協力して、ミッションを核に据えた新しい公的金融機関であるスコットランド国立投資銀行を設立した。この取り組みの鍵は、長期金融に特化した機関でありながら、求められたら誰にでも施しを与えるのではない金融組織をつくることだった。むしろ、社会全体の目標解決に資するような企業、たとえば、ビッグデータやデジタル化がもたらすチャンスを積極的に取りに行く医療サービスなどを支援することが目的だった。この意味で、この金融機関のミッションは、「意欲ある人」への投資ポートフォリオをつくることだった。

現代でミッションを達成するには

現代社会でミッションを達成するのは簡単なことではない。なぜならそれは、これまでの政府のあり方について、私たちが当たり前だと思っていることの大半を変えなければならないからだ。ひとつには、政府が普段の縄張りを越えて協業する必要がある。環境に負荷のない成長というミッションには、必然的に運輸省、ビジネス・エネルギー・産業戦略省、産業・イノベーション・科学省、そしてもちろん、財務省が関わる。その上に、何を食べ、どう動くかといった、人々の

図10　ミッションマップ④「健康的な高齢化」

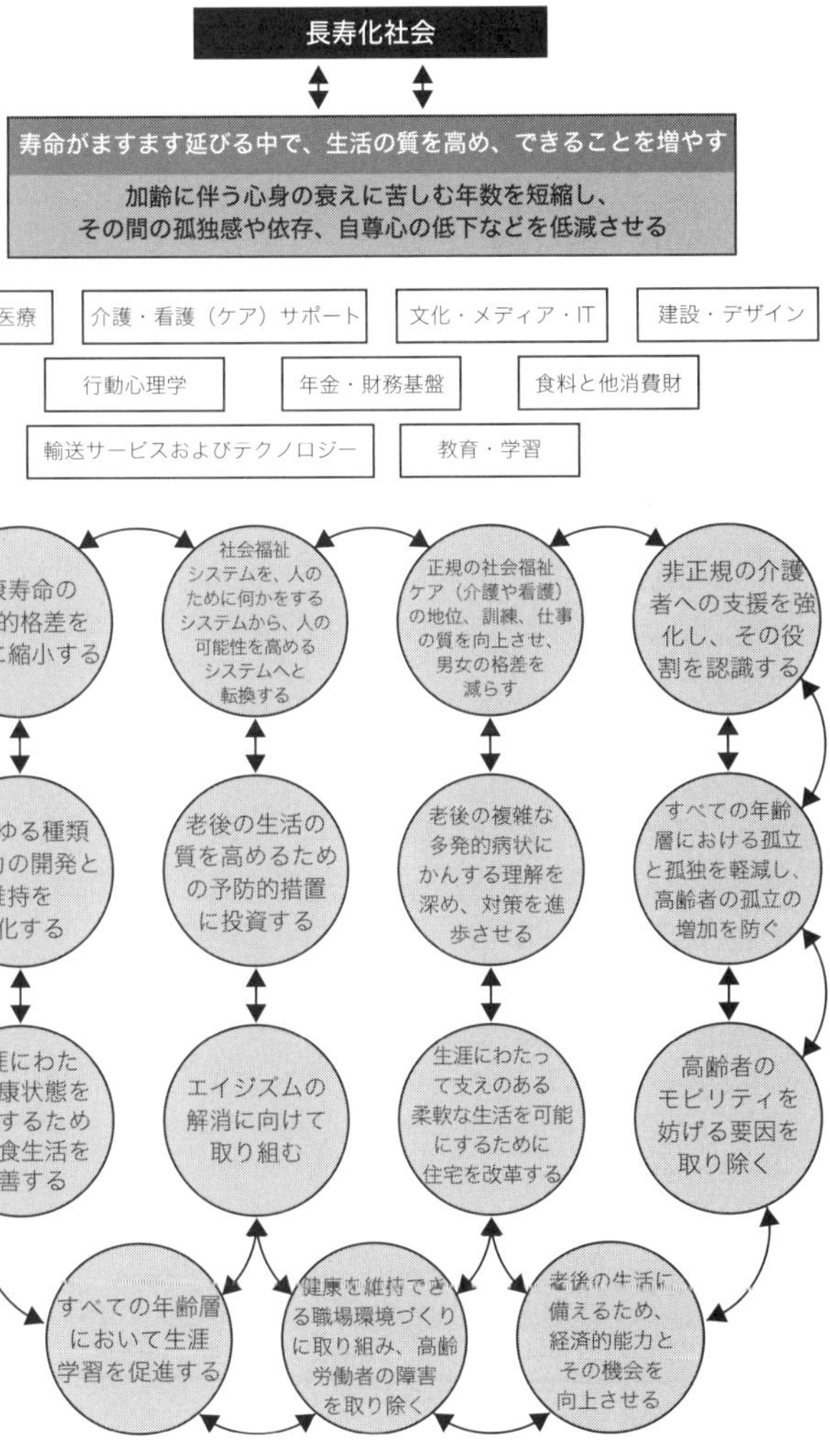

長寿化社会
寿命がますます延びる中で、生活の質を高め、できることを増やす
加齢に伴う心身の衰えに苦しむ年数を短縮し、
その間の孤独感や依存、自尊心の低下などを低減させる
健康・医療
介護・看護（ケア）サポート
文化・メディア・IT
建設・デザイン
行動心理学
年金・財務基盤
食料と他消費財
輸送サービスおよびテクノロジー
教育・学習
健康寿命の社会的格差を大幅に縮小する
社会福祉システムを、人のために何かをするシステムから、人の可能性を高めるシステムへと転換する
正規の社会福祉ケア（介護や看護）の地位、訓練、仕事の質を向上させ、男女の格差を減らす
非正規の介護者への支援を強化し、その役割を認識する
あらゆる種類の能力の開発と維持を強化する
老後の生活の質を高めるための予防的措置に投資する
老後の複雑な多発的病状にかんする理解を深め、対策を進歩させる
すべての年齢層における孤立と孤独を軽減し、高齢者の孤立の増加を防ぐ
生涯にわたる健康状態を向上するために、食生活を改善する
エイジズムの解消に向けて取り組む
生涯にわたって支えのある柔軟な生活を可能にするために住宅を改革する
高齢者のモビリティを妨げる要因を取り除く
すべての年齢層において生涯学習を促進する
健康を維持できる職場環境づくりに取り組み、高齢労働者の障害を取り除く
老後の生活に備えるため、経済的能力とその機会を向上させる

基本的な習慣を変革することも必要になる。こうしたことはいずれも、政府が名ばかりでなく本気で市民と関わらなければ、無理なのだ。

これはイノベーションを起こすために欠かせない。たいていの場合、イノベーション局や産業省が決まったイノベーション予算を握っているが、本来は政府の日々の業務の中にイノベーションが組み込まれていなければならない。

政府各省庁すべてにまたがる物品やサービスの調達もその一例だ。調達予算を使ってイノベーションの規模を広げることもできる。いち省庁の調達予算が政府のイノベーション予算総額より4倍も大きい場合もある。

省庁間の協調によって政府調達の全体像を表に出すことができ、はるかに大きな予算をミッションに活用できるようになる。政府を「購入者」とみなすことは、イノベーション予算を増やすための最良の方法である。そのためには、変化に対する明確なビジョンを持つことが重要であり、革新的な思考こそが、橋や学校の建設から高速道路の建設まで、すべてを後押しすることができる。

ここからは、ミッション志向の取り組みにおいて鍵になるポイントを紹介していこう。ミッションをどう選ぶか、どう実装するか、そして人々をどう巻き込むかについて描いていく。

ステップ① ミッションを選ぶ

まず何より大切なのは、大胆でワクワクするような、そして社会の幅広い層が大切だと思うミッションを選ばなければならないということだ。人々の日常生活を直接に改善するような野心的なソリューションを生み出すという目的がはっきりとしていなければならないし、かつ想像力に訴えるものでなければならない。

また、SDGsと同じように、ミッションもまた明確な方向性が必要で、しかも数字で測れて期限が決まっているものでなければならない。つまり締切と具体的なターゲットを設定する必要がある。この具体的なターゲットは、ふたつを同時に進めることでもいいし（たとえば、人を月に運び、無事に帰還させる）、数量目標でもいいし（たとえば、製造方法を変えて5年間で炭素排出量を30％削減する）、ただ「達成できたか、できなかったか」を問うものでもいい。そうやってミッションの成功または失敗を判断し、途中の進捗を測る。

さらに、ミッションへの投資とイノベーションの目標は、大胆でありながら同時に現実的でなければならない。リスクを取って、公務員や研究者、イノベーターに非凡な成果を求めることも大切だ。だが、その目標は少なくとも理論的には実現可能なものでなければならないし、与えられた期限でできるものでなければならない。非現実的な目標では誰も乗ってこないが、一方で夢がないとやる気が起きないし投資も集まらない。なのでちょうどいい落とし所を見つけることが鍵になる。

そして、目的達成に必要なテクノロジーは、民間部門が普段なら手をつけない研究やイノベーション活動を喚起するものでなければならない。ミッションによって複数の研究分野（社会科学や人文科学を含む）、業種（輸送、栄養、健康、サービスなど）、また異なる主体（公共、民間、第三セクター、市民社会団体）の垣根を越えたイノベーションが起きることが理想だ。そのため、目を向ける課題は複数の部門に影響を与え、社会全体の変革の可能性を開くようなものでなければならない。

ＤＡＲＰＡに逸材が集まる理由

公共部門の組織イノベーションのお手本にされるのがＤＡＲＰＡである。インターネットやＳｉｒｉといったイノベーションに投資してきたＤＡＲＰＡは、昔からミッション志向の組織であり、高い給与を払わなくても優秀な人材を集められることで知られている。シンガポール政府のように高給（局長クラスは最高１００万ドルとも言われる）で釣らなくても、お金よりプロジェクトの魅力で人が集まるということだ。人々がミッションにひきつけられるのは「戦争に勝つ」とか「グリーン・ニューディールを実行する」といった大きなパーパス意識からだ。また、すぐれた企業リーダーのように、自信を持って投資し、導き、創造する力があれば、そこに人は集まる。ＤＡＲＰＡのモデルの鍵は、誰もが認める柔軟で臨機応変な働き方にある。

政府の役割は「リスクテイキング」

「リスクを取るのは民間で、政府は補佐役」という考えが間違っていることは、ＤＡＲＰＡを見ればわかる。ＤＡＲＰＡは莫大なリスクを取ってインターネットの発明に資金を提供した。それはある課題を解決したかったからだ。その課題とは、衛星通信である。アメリカ海軍がＧＰＳの

つまり、ミッシ[illegible]
市民にとって大切な問題を解決するという点[illegible]ーションの「仲介役」、または「邪魔者」から、イノベーション[illegible]

こうした柔軟な成果主義が重視されるのはたいてい戦時中で、幹部が大きな裁量を与えられた時がほとんどだ。しかし、DARPAは平時にもこのやり方でうまくいっている。

最近では、RNAとDNAワクチンを開発するため、モデルナとイノビオという製薬会社2社の初期研究開発に資金を提供した。これは、多くの科学者や投資家から投機的でリスクが高いと考えられていたテクノロジーだ。しかしDARPAは、従来のテクノロジーよりも核酸ベースのワクチンのほうがはるかに早く開発できると考え、結果、その賭けは当たった。コロナが世界中に広がった2020年に、モデルナのRNAワクチンがコロナワクチンとしては初めてフェーズ1の臨床試験に入り、接種が開始された（イノビオのDNAワクチンは承認待ち）。DARPAはこれまでも日常的にハイリスク・ハイリターンの技術を追求しており、新たなウイルスの発見から2カ月たたずにワクチンを開発・製造・流通させてきた。

決め打ちではなく分散化

これが、ミッションを選ぶにあたって考えるべき最後のポイントにつながる。すなわち、ひとつの方向やテクノロジーを決め打ちするのではなく、複数のソリューションをうながすようなミミッションを選ばなければならないという点だ。ミッションには特定の目標があるものの、その目標は数多くのサブプロジェクトから成る幅広いものでなければならないし、多くのプロジェクトが組み合わさってミッションが構成されるようにしなければならない。これらのプロジェクトの中には失敗するものもあれば、成功するものもあるだろう。大切なのは、課題解決に向けたアイデアや方向性を数多く生み出すことだ。

つまりミッションとは、経済に方向性を持たせるひとつの方法である。ただし「目的」に向けて進むためには、政策分野を超えた賛同がなければ、方向づけはうまくいかない。ミッションが鍵になるのはなぜかといえば、それを支える税制や財務政策も、一致していなければ成功しないからだ。

ルール⑦「ミッション」を拡大する

特定の課題を解決し、その価値をさまざまな人や組織にまたがる投資や協力なりをなすには、成果に焦点を合わせ、実験を促す政策手段が必要になる。テクノロジー開発であれ、福祉のデータ共有手法であれ、リスクを取って社会課題の解決に取り組むイノベーターに報いるような調達契約、助成金、融資、賞金制度を設計すべきだ。すると、特定の種類の企業（中小企業やスタートアップ）や特定のテクノロジー（ハイテク、AI、量子コンピュータなど）や特定の分野（生命科学やクリエイティブ産業）のみを扱うことにもなりかねない。ならば、目下直面する大きな課題に目を向けて、どうしたらあらゆる種類の組織とテクノロジーと業界が問題解決に役割を果たせるかを考えたほうがいい。

分野を超えたイノベーションを生み出すのにとくに役に立つのが報奨金制度で、何百年も前から使われてきた。

天文観測のためロンドンの東のテムズ川沿いのグリニッジに王立天文台が設立されたのは、1675年である。当時誰も解決できない難問とされていた「経度の測定」を行うことが、この天文台のミッションのひとつだった。経度とは、グリニッジ天文台を南北に貫く本初子午線を中心にした東西の距離である。イギリスは、大国フランスやオランダとの競争にさらされており、経度の測定は貿易にも海事にもきわめて重要だった。海上での位置を正確に把握できないと、船が座礁したり、航海が必要以上に長くなったりする。経度を測定できれば、貿易でも軍事でもイギリスが優位に立てるはずだった。

「経度賞」が設けられると、素晴らしいことにふたつの解決策が同時に開発された。労働者階級出身で、独学で時計職人となったジョン・ハリソンは、その卓越した機械の才能とねばり強さを発揮して航海用経度時計を次々と製作し、最終的にH4と呼ばれるモデルを完成させた。彼は経度委員会と何年も交渉したのちにやっと、総額2万3065ポンド（現在の貨幣価値で300万ポンド以上）を獲得した。H4はのちにマリンクロノメーターとして知られるようになり、今でもグリニッジの博物館に展示されている。

一方で、イギリスの数学者ジョン・ハドリーとドイツの天文学者トビアス・メイヤーは、星表や機器が改良され、月距法によって正確に経度を測定する方法を見つけた。その後グリニッジ天文台長に任命されたネビル・マスケリンは、時間計測と天体観測を組み合わせて、経度測定の精度を上げることに成功した。

今では経度賞は、1000万ポンドの基金となり、うち800万ポンドは抗生物質の保存と医療提供体制の改革に役立つ安価な迅速診断技術を開発した研究チームに贈られることになっている。正確かつ迅速で、手ごろな価格で、世界のどこでも簡単に使える即時検査装置が必要とされている。

公的資金は最初の投資家になれる

新しい戦略とともに必要になるのが、新たな統治手法である。新しい統治には、たとえば公的資金の出し方で、政府機関が投資家と見なされるような、これまでとは違う形の資金提供のあり方が含まれる。

公共部門は、未来のチャンスを人々に見せることで民間投資を呼び込み、「乗数効果」（1ドルの政府投資が経済活動を喚起して起こる波及効果）を高めることができる。そのためには、公的機関が新しい能力を持たなければならない。たとえば、調達契約を見直して問題解決の新しいアイデアを育てたり、政府の体質を変えてリスク回避傾向を減らし幅広い分野にわたる大胆なプロジェクトを積極的に活用するといったことだ。

公的銀行やソブリン・ファンドなどの金融機関もまた、公的目標を社会的な課題に向けることでよりミッション志向になれる。これまでは、公的ファンドが、恣意的にお気に入りのプロジェクトや資金繰りに困っている中小企業にお金をばら撒くだけだった。そうではなく、社会の課題を解決する方向に経済を導く意思と力のある組織に、勇気を持って忍耐強く、長期的な資金を提供することが欠かせない。

ミッションへの資金提供は複雑になりがちだ。もちろん支援額は重要だ。ただし、ミッションが進捗していく中の適切な段階で適切な種類の資金を提供することは、あまり気づかれないが大切な仕事だ。リスクの高いイノベーションの場合は、とりわけそうだ。

官民の生態系は、多様で大規模な金融機関と資金の種類で成り立っている。公的部門で資金を提供するのは、研究費、公的ベンチャーキャピタルファンド、中小企業向けの調達政策、ドイツ復興金融公庫や欧州投資銀行のような国や地域の開発銀行などだ。欧州委員会はミッションを念頭に置いて、欧州イノベーション協議会を設置して専任のプログラムマネージャーを置き、助成金と株式投資を組み合わせて画期的なイノベーションを支援することにした。人工呼吸器の製造といった公共目的のための調達を使っても、イノベーションを推進することができる。

ここでは商業化周りの固定的な指標ではなく、長期的な目標に焦点をあわせることが大切だ。上と口を挟みすぎずに何が必要かを特定し、多くの参加者の創造性とイノベーションを最大限に刺激しなければならない。

イノベーターやスタートアップに注ぎ込まれる民間の資金源は、ベンチャーキャピタルから投資銀行のイノベーション・ファンドまで多岐にわたっている。だがここに、大きな課題がふたつある。ひとつは、そもそも忍耐強い長期資金を呼び込むこと。もうひとつは、リスクとリターンを官民でどう公平に分け合うかという点だ。

最初のアイデアから最終段階の商業化まで、イノベーションの各段階におけるリスクの分布を知れば、民間がどういう資金を呼び込んでいけばいいかが見えてくる。ミッション周辺にはありとあらゆる側面とイノベーターやスタートアップがあるが、それぞれの段階に適した種類の資金が存在することがわかる。

ミッションがうまくいくかどうかは、いかに幅広く柔軟な資金を確保できるかにかかっている。たとえば当初のもので、出口の目処がつかない初期研究やイノベーションには助成金が最適かもしれない。一方で、テクノロジーが商業化に向けて規模拡大する段階では、株式による調達がいいかもしれない。リスクの低い活動には、債券や長期融資のほうがいいだろう。実現を可能にするためには、融資や助成金、調達契約の仕組みを変えてもいい。政策そのものを変えてもいい。目的は、あくまで、成果を達成すること。目先の短期的なプレッシャーからミッションを曲げたり、終わらせたりしてはいけない。

ミッションの進捗を追跡して測るには、適切な指標とモニタリングの枠組みが必要になる。それは、ある時点で切り取った費用便益分析（CBA）や正味現在価値の計算（投資によって発生するインフレ調整後の一定期間のキャッシュ・フローの現在価値から投資額を引いたもの）では測れない。従来の指標では大胆なミッションが生まれる前につぶされてしまう。逆に、ミッション追求の過程でセクターを超えた偶然の波及効果が生まれるような、柔軟でダイナミックな指標を使ったほうがいい。また、途中で進捗管理の目標を設けてうまくいかないプロジェクトへの助成を止めることも必要だ。リアルタイムでプロジェクトのデータを公開すれば、緊迫感が生まれ、成果が認められ、やる気も高まる。

すべては、公的機関が内部で能力を育成しプロジェクトのポートフォリオを積極的に管理できるかどうかにかかっている。これまで見てきたように、政府にこうした能力がなければ、コンサルティング会社やシンクタンク、民間企業などの第三者に仕事も知識も任せきりにせざるをえない。また、技術的・科学的な優先課題に取り組む公的機関は、内部で科学技術の専門性を育てることに投資し、リスクテイクと実験の能力をはぐくまなければならない。しかし、多くの国ではまさにこの手の能力が外部に出されたり、単に削減されたりしているのが現状だ。[7]

これは慈善事業ではない

これが、ミッションの実装に関わる最後のポイントにつながる。ミッション志向のアプローチは官民協働のあり方を変える。官民のパートナーシップとは、施しや保証や援助ではなく、共同投資であり、リスクとリターンの共有だ。民間企業は公共部門と協力して社会の目標を達成しなければならない。単なる企業の社会的責任や慈善事業ではなく、企業のバリューチェーンを通じて社会目標を目指し公共目的に投資することが、みんなの利益になる。

ここで改めて注意しておきたい。企業と政府が力を合わせるのは共通のミッションを達成するためだ。公的な研究が無駄にならなかったと証明するために、政府が民間企業を引き入れるのではない。アポロの後のソフトウェア産業の発展がいい例だが、公的研究から生まれる商業化の成功のほとんどは、政府が[illegible]目を向け続け、その結果得られる経済的価値や商業化については心配しなかったときに生まれたものだ。大きな目的がはっきりしていたため、民間企業が成果を上げられなければ、そもそもの構想段階に戻って考え直すことが求められた。[illegible]の問いが[illegible]。

ステップ3　市民を巻き込む

アポロ計画が行われた１９６０年代は、第二次世界大戦後のヨーロッパとアメリカの復興期でまだ社会に共同体意識が残っている時代だった。冷戦時代は和解が世界共通の願いだった。しかし、1970年代半ば以降、日本では――ヨーロッパ大陸ではそうでもないが、イギリスでも同じで――共同体の義務から個人の権利へと文化規範が移り変わった。

これにはいくつかの理由がある。当時の若い世代（団塊の世代）は、大恐慌や戦時中の窮乏を直接体験していない世代だった。また、規制緩和に伴って金融化が進み、個人の欲は良いものとされた。さらに、繁栄と消費主義が加速して集団の絆より個人の利益が優先されるようになった。

ミッションによって、この傾向を逆転できるかもしれない。社会の大きな課題解決に市民を巻き込み、今日あるイノベーションの力によって市民の可能性を呼び起こすことで、それが可能になるかもしれない。

市民参加をイノベーション政策の中心に据え、多くの人が大切だと思う課題と研究開発や広範な政策手段を結びつけることが可能だろう。このところ正式な連携のシステムがない中でも、草の根の社会運動が政策に影響を与えるケースが増えている。アポロ計画のように、トップダウンで立ち上げられるミッションもあるが、そうしたミッションにはたいてい高度な科学的知識が必要だ。しかし、テクノロジーだけでなく、社会と政治に関わるミッションには、より幅広い市民参加が必要だ。カーボンニュートラルに向けた公正な移行の活動はその一例で、労働組合が、グリーン経済への移行に向けて労働者のスキル適応への投資と、利益の分配、とくに化石燃料業界で職を失った労働者への投資を求めている。

ひとつのドキュメンタリー番組が市民を動かした

クリエイティブな文化という意味でも、市民を結びつける文化という広義の社会的意味でも、文化は市民の新しい生き方を紡ぐ助けになる。

たとえば2017年、イギリスの著名な博物学者でありドキュメンタリー作家でもあるデビッド・アッテンボローが、海の生態系を描いた「ブループラネットII」というシリーズのナレーションを務めた。シリーズ最終回には、イルカの赤ちゃんが、海にひしめいているプラスチックゴミの破片によって窒息し死んでいく、胸が締めつけられるようなシーンもあった。世界中の子どもたちがこれを見たことで、「すぐにプラスチックゴミを海から取り除くこと」が必要だという認識が一気に広まり、小規模な政策会議や専門家会議での話し合いを飛び越えて一般市民の課題としてこのトピックが取り上げられるようになった。「プラスチックゴミのない海にする」というトピックが、学校や家庭で熱い議論の的になった。これは、文化とクリエイティビティの力によって幅広い層の人々がその問題を理解し、新たな活動が生まれることのいい例だ。

「ミッション」を自分ごと化する

ミッションの設計に市民を巻き込むことが基本原則になっている面もある。民間部門のイノベーションと同じように、公共部門のイノベーションにも市民参加が当たり前とされているわけだそのいい例が、SDGsの策定につながったアイデアと議論の創出だ。2015年に国連でSDGsが採択されると、世界中で市民団体の活動が盛り上がり、多くの人がそれぞれの意見を表明するようになった。同時に国連開発グループは「100万人の声：世界が望むこと」、「ポスト2015年のアジェンダを実現するために：国家および地方レベルでの機会」、そして「MY WORLD」調査を通じて市民の声を取りまとめ、報告書を出した。市民参加によって、社会がミッションの目標を自分ごととして捉えれば、政府や閣僚の任期を超えて、ミッションが長く生き続ける。

市民はアポロ計画に心を動かされはしたが、ミッションの設計に関わったわけではない。もちろん、テクノロジーを進化させるだけのミッションなら、それでもかまわない。だが、社会的なミッション——環境に負荷のない成長、健康的な生活、モビリティの未来、デジタル格差の解消に関わるミッションなど——の場合、はじめからさまざまな声を拾って、普通の人たちにミッションがどう影響するかを考え、できるだけ市民を巻き込んで市民に恩恵があるように修正していくことが欠かせない。

ドイツのエネルギーヴェンデ

政策立案者は、市民と交流し心を開いて率直な議論を行うべきだ。ドイツでは市民が数十年にわたって環境運動を行ってきたことで政治家の中に持続可能な成長に対する懸念が高まり、「エネルギー変革（エネルギーヴェンデ）」というミッションが生まれた。[9]

トイは野心的な気候変動に対処するためこのミッションを推進し、二酸化炭素の排出量や廃棄物の消費量を減らしている。それは、EU全体にまたがるイノベーションの計画にはヨーロッパの多様な人口を反映した市民参加が必須とされ、年齢、階級、人種、その他の特性を考慮していくつかのテーマの特性を取り入れなければならないことになっている。

スウェーデンの「活路」「結び」戦略

スウェーデンは、地域や組織内での連携や、垣根を越えた協力の増加による草の根的なミッションを積極的に推し進めている。

その例が、スウェーデンの全ての市町村を健康で、持続可能で、活気に満ちたものにするという草の根ミッションがある。ビジョンゼロの道路の安全にはゼロにおよぶストックホルムではヘルメットの着用だけではなく、一方にとどめよう生きることを考えるアクセスを広げるのだ、このミッションの目的だ。

ようちゃんのミッション」は、労働市場に関するものだ。それは、すべての生徒が健康で、持続可能で、よいい学校教育を受けられるようにすることを目的にしている。その大部分には、上位の教育機関で得する目的は、自治体と産業組合、学校、農業団体との高校の連携が必要になる。ここでの目的は、給食システムの変革、教育、地域の気候変動への対応、医療の変革を結びつけることだ。道路をめぐるミッションと「健康」ミッションは、いずれも、SDGsの健康としても、スウェーデンの国の目標である化石燃料を使わないスウェーデン」、持続可能なスマート都市、戦略にも利用できる。地域に根ざしたミッションに地元の市民を巻き込めるのは、国家的ミッションより簡単だろう。市民はミッションの策定を助け、進捗管理の指標をつくることができる。学校給食が本当においしいかどうかを生徒が確認すればいいのだ。

ロンドンの街区再生プロジェクト

私が共同議長を務めるロンドンの「カムデン再生委員会」では、地元の公団住宅を利用して、この自治区のカーボンニュートラル目標を定めている。この委員会はイギリスの公衆衛生の第一人者であるマイケル・マーモット、詩人のジョー[illegible]、カムデンのラウンドハウス・シアターで自治会活動を指揮するアリア・ハイカーといった、有力な人々が加わる。カムデンの270の公団住宅に持続可能で環境に優しい生活を定着させるためのミッションを設定し、そこに住む人たちの創造性を高める方法でミッションを実装している。世代を超えた交流や遊びや学びが自発的に起きるような緑地を確保し、日々の保育になるような美しく、快適な建物を建て、市民が予算の決定に関わることも、このミッションの狙いだ。

公団住宅や街路をミッションの目的地に定めることで、長期的な市民参加と監督が実現し、公共の価値とイノベーションが創出され、最終的には地域の繁栄と経済成長につながる。この本を執筆している今、カムデンではそのほかにも街角や学校や若者の集う場所に根ざしたミッションを[illegible]中である。

私は以前にも、ミッションを根づかせる場所として街角を選んだことがある。きっかけは、2

の一環計画にロンドン市長が掲げた「ハイストリート変革戦略」プロジェクトを実行したことになる。市民や住民の投資に由来する場所が商店街だ。その通りは誰のためにあるのだろうか？この恩恵は誰が受け取るのか？地域にある商店は街に再投資されているのか、それとも吸い上げられているのか？ミッションを問い続けることで、こうした問いの核心に近づくことができる。公共の問いや公益をどう分配しどう還元するかを理解することができる。

ケンブリッジのキャナン・ストリート、ロンドンのオックスフォード・ストリート、ピースのハリソン・ストリートのような古い小さな商業エリアから、地域に密着した商店街まで、問いを通じて、それぞれ異なるステークホルダーの人間や相互依存や条件や協力についての理解が深まる。これは地域商店街の中で一つの取り組みとなっているものが、公共部門の中での価値創造の土台になり、地域が協力者特有の方向に向けて新たなミッションを生み出す基盤になる。

オンライン市民参加ツール

政府が、政府の善意に任せていては市民参加は実現しない。市民参加を制度化し、計画的に組み入れる必要がある。これまでになかったオンラインの市民参加ツールを使えば、より多くの人々の意見を、安く簡単に収集できる。

ヨーロッパの各国は、これまで以上に広範な市民の意見を集めることに熱心だ。EUが資金提供したプロジェクトであるVOICES（Views, Opinions and Ideas of Citizens in Europe on Science）とCIMULACT（Citizen and Multi-Actor

(Consultation on Horizon 2020) は市民と関係者を巻き込んで、人々が共有する本物の夢とニーズと望みに基づいた「HORIZON 2020」のような研究を共同で立ち上げた。ここでは、長期的な市民参加の方法を開発・実験し、人々を巻き込む範囲を広げた。

この実験の目的は、研究やイノベーションの優先順位を決める際に、市民を巻き込むさまざまな手法を幅広く研究し試してみることだった。多様な手法を用いることで、異なる社会階層やグループの意見が収集でき、研究計画へのフィードバックと検証が充実した。政策立案者は、オンラインでの対話に加えて、公的資金で運営されている研究やイノベーションプロジェクトから、市民参加と共創の可能性を掘り起こすこともできる。

ミッションの「評価」にも市民を入れる

市民や市民団体を含むあらゆる種類のステークホルダーを巻き込む際に注意しなければないのは、既得権益にミッションを乗っ取られないことと、長期的な市民のニーズと一過性のトレンドを間違えないことだ。個人と市民団体が政策立案者や研究者、企業と密接に連携することが必要だ。そうすることで、すべての関係者が多様な視点を持ち寄り、特定のグループに乗っ取られることなく、より広範なシステム変革をもたらすことができる。

最後に、ミッションの評価にも市民が積極的に参加すべきである。個人または市民団体が提案を評価し、プロジェクトの進捗を確認し、諮問機関に参加し、ミッションの成果が社会のニーズや価値観や期待に沿ったものであることを確かめるべきだ。これもまた、しっかりとした研究者、負う政策関係者とともに行動しなければならないし、すべての利害関係者が公平に行動するように保証すべきである。また、透明性も非常に重要だ。ミッション志向の研究とイノベーション政策を実現する公的機関が市民から信頼を得続けるためには、透明性を確保し、FAIR原則（見つけられる、アクセスできる、相互運用できる、再利用できる）に従ってオープンな政策を構築すべきである。

誰が決めるのかに慎重になる

[illegible]、市民参加がなければこの[illegible]という仮説は出てこなかったはずかもしれない。社会や議論がなければ、市民の生活を根本的に変えた多くのイノベーションは[illegible]。[illegible]人工妊娠中絶は、フェミニストの闘いの中で勝ち取ったものだ。HIV治療薬のAZTは、このような活動家の運動がなかったら開発されなかった。8時間労働や週末休も労働組合運動がなければ実現しなかったし、[illegible]も過激な婦人参政権運動があってはじめて実現したものだ。過去数十年にわたって拡大してきた環境ムーブメントを土台に生まれた環境保護団体[illegible]エクスティンクション・レベリオンは、政府、企業、市民に対する圧力を強め、燃料や製造工程の変更、消費行動の転換からレジ袋や包装の廃止にいたるまで、環境上の緊急事態に対処するために断固とした行動をとるよう求めている。

これは大切なポイントだ。市民権運動がアポロ計画に反対した歴史を見ても、[illegible]「地球上にこれほど多くの問題があるのに、なぜ宇宙に莫大な費用をかけるのか」[illegible]

うだけでなく、誰が決めるのかを問うべきなのだ。ミッション志向のアプローチに欠かせないのは、多様な人々の視点を取り入れることだ。60代の白人男性エリート専門家だけが決定権を持つべきではない。ブラック・ライヴズ・マターをめぐる最近の思想や政治行動を見ると、何に価値があるかを決めるのは誰か、それがどのように思い込みや偏見や人種差別に結びついているかが焦点になっている。

新しいガバナンスの枠組みももちろん必要だ。だからこそ、ステークホルダー資本主義の概念を、企業統治の観点だけでなく（これについては第6章で詳しく説明する）、統治主体の移行というミッションの観点からとらえてみると面白い。このところは、イギリスのEU離脱からオーストラリアの低炭素経済への移行まで、大きな課題についての広範な議論に市民集会が利用されている。

ミッション：グリーン・ニューディール

経済のグリーン化こそ、まちがいなく大胆なミッションが必要な大きな課題である。このミッションの成功は、一部の市場参加者が得をして、他の人たちが損をするものではいけない。気候変動の解決が、経済全体の変革につながらなければならない。公共部門も民間部門も市民も、みんなが今のやり方を変えて、短期的な利益ではなく長期的な成長と利益に注目しなければならない。とくに、気候変動の議論がありがちな経済の安定と移行の中で[illegible]を唱えることも必要になる。産業戦略に必要なのは、これまでと違う目標に向けた[illegible]が必要なのだ。

アポロ計画の勇気、実験精神、冒険心の強さを、現代の最大の難題である気候変動の緊急対策にも発揮してきたらどうなるか、考えてみてほしい。私たちが、この時代に気候変動と闘うことを決めたのは、それが簡単ではなく難しいからだ。この目標が、私たちの力とスキルを最大限に引き出し評価してくれるものだからだ。そして、この挑戦を私たちが喜んで受け入れ、先延ばしにせず勝ち取りたいと思っているからだ、とリーダーが高らかに宣言したらどうなるだろう？[14]

リスクをとって長期投資し、生産・流通・消費を変える

温暖化との闘いには、ロケット時代に匹敵する大規模な投資が必要だという声が世界中で高まっている。グリーン・ニューディールという概念は、アメリカを大恐慌から救うために始まった1930年代のニューディール政策をわざと思い起こさせる呼び名である。

グリーン・ニューディールとは、経済全体の生産、流通、消費を変革することである。そこには積極的にリスクを取り、より多くの投資を呼び込める、忍耐強い長期の資金の支えがなければならない。この長期投資のための資金が鍵になる。というのは、企業は、将来のビジネスチャンスがあるところに投資するからだ。温暖化危機は、世界経済に新たな成長をもたらすためのアイデアにあふれかえっている。

ではどこから始めればいいのだろうか？

先ほどのカーボンニュートラルな都市についてのミッション（図7）を見れば、環境に優しい都市への変革が再生可能エネルギーの活用にとどまらないことがわかる。建物を断熱して

ノベーションに取り組み、複数のセクターを巻き込んでできるだけ多くの異なる組織による実験を起こすよう、多様なプロジェクトのポートフォリオを構築することが目標になる。モビリティの未来に関するミッションマップ（図9）も同じように、異なる分野にまたがっており、障がい者のタラップの使用法から、新しい公共交通の形、公共データの活用、データガバナンスまで、人々の移動手段を変えてくれる可能性のある分野が紐づいている。

だが、一番肝心なのは、ビジョンとリーダーシップだ。

2019年、ふたつの大陸で政治家たちが別々のやり方でこの問題に取り組んでいた。

アメリカではニューヨーク州選出の民主党下院議員アレクサンドリア・オカシオ＝コルテスとマサチューセッツ州選出の民主党上院議員エド・マーキーが「グリーン・ニューディール」を発表した。オカシオ＝コルテスらはアメリカで炭素排出量を抑制しながら新たな形の成長を目指すことを唱えていた。

そしてヨーロッパでは、欧州委員会のウルズラ・フォン・デア・ライエン委員長が、2050年までにヨーロッパで気候中立を達成する目標を掲げた「欧州グリーンディール」を発表した[15]。彼女は、これはヨーロッパ版アポロ計画だ、とも宣言した。

アメリカのグリーン・ニューディール

アメリカのグリーン・ニューディールでは、ミッションの方向性を明確にし、目標を定め、測定可能で期限つきのゴールを設定した。マーキー上院議員とオカシオ＝コルテス下院議員は議会に提出した決議案で、「アメリカの電力需要のすべてをクリーンで再生可能な炭素排出ゼロのエネルギー源で賄う」目標を掲げ、その達成に向けて「10年間の国家総動員」を呼びかけた。最終的な目標は、化石燃料の使用を完全に止め、原子力エネルギーから脱却することだ。

このミッションでは、国内既存の建物すべてをエネルギー効率化すること、農家と協力してできる限り環境汚染と温室効果ガスの排出をなくすこと。同時に家族経営の農場を支援し、誰もが健康的な食べ物を手に入れられるようにする。炭素排出量削減のために交通システムを見直し、電気自動車の製造を拡大し、あらゆる場所に充電ステーションを建設し、高速鉄道を導入して国内の航空機利用を削減することなどが目標として掲げられている。

さらに加えて、このミッションには、「家族が維持できる水準の賃金の仕事の保証、適切な家族休暇や医療休暇、有給休暇、退職金の保障」や、すべてのアメリカ人のための「質の高い医療」といった社会課題の解決も含まれている[17]。

成長戦略としての欧州グリーンディール

欧州グリーンディールも同じように、EU経済の方向性を示す大胆で刺激的なミッションを設定した。生活水準を維持し、さらに生活の質を向上させ、自然環境を改善しながら、高炭素経済から低炭素経済に転換することが目標だ。また、具体的な取り組みを提示し、2050年のパリ協定の目標を達成することも、明確に示されている。

欧州グリーンディールの大きな目的は、ヨーロッパを気候中立にすることで地球温暖化を止め使し、その影響を緩和することである。この計画ではEUの２０３０年の排出量削減目標を40%から最低でも50%に置いている。だが同時に、グリーンディールはヨーロッパの成長戦略であり、雇用を生み出し、生活の質を上げることになるはずだ。そのためには、運輸、税制、食品、農業、工業など、さまざまな分野で、排出量削減が必要になる。また、生物多様性の保全も重要な目的である。この大規模な取り組みがきっかけとなり、莫大な投資が呼び起こされると思われる。

10年で1兆ユーロの投資を呼び込む

２０２０年１月１４日に発表された持続可能な欧州投資計画は、今後10年間で持続可能性関連分野に少なくとも1兆ユーロの投資を呼び込むことを狙っている。このうち約半分はEU予算で、残りの１１４０億ユーロは各国政府予算、２７９０億ユーロは欧州投資銀行の融資保証を受けた民間部門の投資でまかなわれる予定だ。この計画のもうひとつの柱は、欧州投資銀行や民間の資金を活用した「公正な移行メカニズム・ファンド」である。ここには１０００億ユーロの資金が投入され、とくに石炭などの化石燃料への依存度が高い中東欧諸国の移行を支援する。

こうした大胆な政策には、明確な枠組みと、現状からの強制的な変革が必要になる。たとえば、欧州グリーンディールを成功させるには、政府が幅広い金融商品を設計し直さなければならない。欧州投資銀行のような公的金融機関やドイツ復興金融公庫のような国立銀行に環境プロジェクトに資金を向けさせることや、各国の中央銀行に規制を通じて環境融資を優遇させること、構造基金（EU加盟国の経済格差を是正する基金）を、お手軽なプロジェクトではなく環境インフラの機を活用するとともに、投資ファンドや中小企業向けのファンドの仕組みを変えて環境ビジネスのチャンスを提供する革新的な企業へ向けることなどがある。

政策の中心的投資は今ちょうど進められている。このミッションの柱になるのが初の欧州気候法だ。これは気候中立への移行を確実にする法案だ。そのほかにも、ＥＵ産業戦略、循環型経済行動計画の持続的利用を促進する方策がある。また、特定分野の炭素国境調整メカニズムで、世界貿易機関（ＷＴＯ）のルールに沿った、環境基準の低い国からの輸入製品に対する関税ルールも提案されている。

ＥＵはそこまで莫大な資金を注ぎ込むことができるか、またヨーロッパ市民がこのミッションに政治的な支持が集まるか、まだわからない。かつてこれほど大規模で広範な事業に取り組んだ例はないし、ＥＵ諸国のような国家の集まりとなればなおさらだ。しかし、欧州委員会委員長のフォン・デア・ライエンは、欧州グリーンディールのお手本としてアポロ計画を例に挙げ、課題の大きさではなく、価値に目を向け、アポロ計画の精神を21世紀のヨーロッパの新たな目標を決めるよう呼びかけた。

炭素税頼みからの脱却

このなかで何らかの政府の運用方法や市民のパートナーシップの要素なくして、低炭素経済への移行は実現しない。政府はあまりにも長いあいだ、化石エネルギーに過剰な投資を行い、再生可能エネルギーへの投資を放置してきた。炭素税は多少の研究開発補助金（市場の最適な解決策を見つけさせるやり方」で気候変動を解決しようとする考え方が主流ではあっても、炭素税には政治経済の両面で制約が多く、制度は中途半端で、低炭素経済への移行は遅々として進んでいない。

だが、政治や経済の制約だけを責めるわけにはいかない。経済学者は、これまでと違う斬新な公共投資や規制改革によって炭素税ではできないことが実現できると気づくこともなければ、提唱することもなかった。行動科学が示すように（そして読者の皆さんも日々の生活でわかっているように）、現実の人間はいつも価格のインセンティブに反応して最適な行動をとるわけではない。人はいつ何時も利益や幸福の量を最大化するわけではなく、そこそこで満足しがちだ。[19] だから、エネルギー性能基準のような賢い規制が必要なのだ。

また、農作物の需給とは違い、産業界が炭素税に機械的に反応して大胆なイノベーションとインフラ投資を起こすことはあまり期待できない。[18] デンマークの風力発電やドイツの太陽光発電のように、再生可能エネルギー技術の市場を創出した国もある。この市場で実践による学びを通して再生可能エネルギー技術を浮揚させ、化石燃料技術と互角に戦える機会を設けるのが狙いだ。

政府主導で全分野のイノベーションをかけあわせる

低炭素経済への移行が世界で遅々として進まないのを見ると、政府が問題の解決を市場任せにして「起業家」としての役割を放棄したらどうなるかがよくわかる。政府のリーダーシップと投資がＩＴ革命を引き起こし、テクノロジーと産業の姿を変えた時とは正反対だ。

ただし今回は、政府の掛け声だけでは不十分だ。再生可能エネルギー、脱炭素車、あるいはしのげるのビルなど分野でも、いわゆる町の中だけでイノベーションを起こそうとしてもうまくいかない。

むしろ、すべてのセクターでイノベーションが起きることで、人類史上最大級の変革が可能になる。鉄鋼のような重工業で原材料を減らし、さらに再利用、再配用、再資源化を通して循環経済をつくりながら経済を回すことは欠かせない。そのためには、素材を変えて長持ちする服をつくること、地産品に目を向けること、3D製造のような生産技術に切り替えることも必要になる。

優遇税制や補助金ではダメ

市場は自力ではグリーンな方向に向かわない。政府は、継続的に安定した投資を呼び込み、社会に望ましい方向に向かわせるような、規制とイノベーションを担保しなければならない。優遇税制や補助金といったこれまでのやり方ではうまくいかない。それでは世界が必要とする変革は起こせない。成長の機会がないと見たら、企業は投資しない。これほど大規模な気候変動問題に対応できるのは、ルーズベルトのニューディール政策のような大胆な投資だけだ。

グリーン・ニューディールは、都市、地域、国、世界のそれぞれのレベルで、異なった側面を持っている。問題解決を戦略の中心に据えると、国家の政策は大きく変わりうる。それはすなわち、経済成長のあり方の中心にイノベーションを据えることであり、イノベーションの「速さ」ではなく、「どこに向かうか」を議論の中心に置くということだ。

ドイツのエネルギーヴェンデがやろうとしているのがまさにこれだ。その影響は経済全体に及ぶことになる。というのも、この政策は再生可能エネルギーだけでなく、鉄鋼などの業界の非炭素化にかかわるからだ。これはまた、ドイツ復興金融公庫による融資の条件や、財政刺激策の方向性など、政策立案にも大きく影響する。エネルギーヴェンデは、ミッションと言うにふさわしいものだ。

まず、これは壮大な挑戦である。

次に、明確な目標がある。2022年までに原子力発電を廃止し、2038年までに石炭を廃止し、再生可能エネルギー発電を段階的に上げていくことを掲げている。

3つ目に、幅広い参加者を巻き込んで研究をうながす仕組みがある。たとえば市民団体に公共課題の解決を任せたり、鉄鋼などこれまで脱炭素化が進んでいない業種にもセクターを超えたイノベーションを起こす仕組みがある。エネルギーヴェンデの下で、政府は条件つきで鉄鋼業界に補助金を出し、再生可能エネルギーを利用して生産中に発生する製鋼ガスを塩基に変換することで、脱炭素化を進めている。

4つ目に、エネルギーヴェンデは、一般の人たちに理解されている。政策、投資、法律など複雑に絡み合ったものが、わかりやすくひとつにまとまっており、政府と市民と企業が力を合わせて原子力発電への依存から脱却し、風力や太陽光などの持続可能なエネルギーに切り換える努力定していることが明らかにされている。

二つ目に、ドイツではすでに環境活動が普及していて、エネルギーヴェンデが受け入れられやすい土壌がある。実際、国民の8割がエネルギーヴェンデを支持している。

最後に、2011年に起きた東日本大震災での福島の原発事故がきっかけとなり、これまで長く取り組んできたことがエネルギーヴェンデというミッションになった。これは、スプートニクの打ち上げによる危機感がアポロ計画を生み出したことに似ている。

課題

エネルギーヴェンデにも大きな障害はある。原子力発電所の早期閉鎖で石炭発電の必要性が高まった。従って低炭素化と脱原発の二兎を追い、むしろアブハチ取らずになってしまう。2030年までに石炭火力発電の廃止を目指す「脱石炭連盟」の中で、ドイツはほかの先進国に比べて後れを取っている。もしドイツが炭素排出量を大幅に削減できなければ、エネルギーヴェンデのおもな目的が失敗に終わる。

もうひとつの課題は、エネルギー転換にかかるコストの公平な配分である。ドイツでは2000年代以降の手厚い補助金のおかげで、再生可能エネルギーの多くがまかなわれている。とくに太陽光発電のコストは高く、電気代に調整料金が上乗せされるため、ドイツの電気料金はヨーロッパで最も高い水準にある。また、エネルギーを大量に消費する産業や施設の一部は上乗せ料金負担を免除されているため（EU域内排出量取引制度からの免除と同じで）、家庭に重い負担がかかり、国民の支持がそのうち失われるのではないかとの懸念もある。つまり最初のポイントに戻ると、社会的なミッションはテクノロジーのミッションよりも達成しづらい。社会を変えるには、「政治」と「規制」と「行動変革」のすべてが必要になるからだ。

おそらくエネルギーヴェンデの最も興味深い点は、企業と政府のあいだに新たな関係を生み出したことだろう。鉄鋼産業に補助金がただばら撒かれたわけではない。業界の変革が求められたのだ。

ここに、医療分野を斬新で大胆な方向に向かわせるにはどうしたらいいかを考える貴重な教訓がある。とくに製薬業界（ビッグファーマ）との関係をガラリと変えるヒントがここにある。

ミッション：医療包摂を可能にするイノベーション

ミッション志向のアプローチは、診断と治療とサービスが核になるヘルスケア分野でとくに役に立つ。ミッションを通して官民がどう協働すればいい結果が出せるかを、この分野では見ることができるからだ。

ミッションによって、私たちの視点を「政策」から「成果」に向けることができる。すなわちそれは、目的を注視し、その目的を達成するためのバリューチェーンを管理することだ。

ワクチン製造を例にとると、そのワクチンを誰もが接種できるようにすることがミッションの目的になるかもしれない。その目的を定めたら、ワクチンの開発と製造の方法も、その管理の方法も違ってくるだろう。そうなると知的財産権の管理、ライセンス契約、大手製薬会社と公的研発機関との協力の方法にも影響が出る。

これまでの医療分野のイデオロギーは長いあいだ世界の大きな課題を解決できず、人々の健康を促進するようにできていない。ここで医療イノベーションの導き方を考え直すことは、これまでにない重要な意味がある。

莫大な税金が投じられているのに薬が安くならないわけ

画期的イノベーションにはお金がかかり、効率が悪く、長続きしない。一方で、製薬会社は昔から患者より利益を優先してきた。それは、製薬自体が特に高い価格をつけて株主に短期利益を提供するようなインセンティブがあるからだ。逆にリスクを取って長期の研究に投資し、人々の命に関わる治療法を開発するインセンティブづけはない。薬の価格が高すぎて手が届かない患者が世界中にいたり、一部の人しか薬が使えなかったりすることが人々の健康や福祉に悪影響を与えている。

世界中で膨大な公的資金が医薬品のイノベーションに投じられていることを考えると、これは深刻な問題だ。アメリカだけでも、国立衛生研究所（NIH）は年間400億ドルを医薬品開発に使っているのだから。なおかつ、新しい薬の価格は安くならない。そのため、「社会が費用を負担し、企業が利益をかすめとる」と言う人もいる。[24]

ここでひとつ例を挙げよう。C型肝炎治療薬のソホスブビルは、アメリカ退役軍人省からの資金提供やエモリー大学でのNIH資金による研究、NIHの中小企業イノベーション助成金などを受けて、10年以上にわたって行われた研究の成果だ[25]。だがその成果を買収したギリアド・サイエンシズ社は、アメリカで1日1錠、12週間の服用に8万4000ドルの値段をつけた。イギリスでの販売価格はおよそ3万5000ポンド（付加価値税を除く）になった。豊かな国でもここまで値段が高いとほとんどの人は手が届かない。だが2017年末までに、ソホスブビル製剤は、500億ドル以上の売上をあげている。また直近の2020年7月には、NIHから7050万ドルの助成金を得て共同開発したコロナ治療薬のレムデシビルを、ギリアド社は3120ドルで発売した。

残念ながら、NIHがこの分野に積極的でなくなった理由のひとつは、1995年に公正価格条項を廃止したからである。また、バイ・ドール法によって政府資金で行われた研究でも研究機関や研究者が特許権を得ることが認められているが、NIHはその仕組みを効果的に使うつもりはないようだ。実際、これまでに外部に特許をライセンスした連邦機関はない。NIHはこれまでに6件のライセンス請願を受けたが、そのすべてを却下している[26]。面白いことに、退役軍人健康管理局のほうが薬価を下げることに成功している。これを見ると中心的な目的でなら取引条件が改善されることがわかる。

新薬開発投資と医療アクセスを結ぶ

2018年、私は「人々のための処方箋」という報告書を共同執筆し、ミッション志向のアプローチを使って医療分野のイノベーションをうながし、医療システムを再編して社会的な価値を創り出そうと試みた。公衆衛生上の脅威となる病原体に有効なテクノロジーを生み出し、効果的な治療法を必要とする人々に届けるのが、国防システムのあるべき姿だと主張したのだ。

国はこの報告書で、防衛分野でDARPAが大きな役割を果たしたように、医療分野にはイノベーションを呼び込むために医療高等研究計画局（ARPA-H）の構想を復活させることを提案した。この提案の鍵は、ミッション志向のアプローチを使って、上流の創薬開発投資と下流の医療アクセスと結びつけることである。公的部門は投資を呼び込むだけでなく、公共の利益に合うようにプロセスを管理することについても、特許の乱用による市場独占を防いだり、公的資金の提供により価格を低く抑えられるようにする。その一例が

新型コロナワクチン

2020年、世界がコロナ禍に襲われると、ミッション志向のアプローチがこれまでになく必要となった。第73回世界保健総会に集まった代表らは、140人を超える公衆衛生の専門家（40人の元国家首脳を含む）とともに、「人々のためのワクチン」を世界中のすべての人に確実に届けるよう呼びかけた。手頃な価格で世界の誰もが手に入るコロナワクチンを開発・製造し、誰ひとりとして取り残されないようにすることを求め、こうしたコンセンサスを得ていないことには、ウイルスが撲滅されるとすれば、世界中の大学や企業の研究者がわれ先にとワクチン開発を競い合った。この競争が可能になったのは、NIHや感染症流行対策連合（西アフリカのエボラ出血熱流行後に設立された）がワクチン研究開発を目的にした公的資金により非常に

組織」を含む、莫大な公的投資のおかげだ。またアメリカ保健社会福祉省にある生物医学先端研究開発局も、ジョンソン・エンド・ジョンソン（4億5000万ドル）やモデルナ（4億8300万ドル）などのアメリカ企業に多額の投資を行った。

しかし、資金だけでは十分ではない。

必要なのは、公共の利益を優先させるようなプロセス管理である。イギリスでは、ワクチン開発に莫大な公的資金が投入され、おもに25の大学発プロジェクトに向けられたが、公的資金で開発された薬が、手ごろな価格で必要とするすべての人に届けられることは保証されない。オックスフォード大学とアストラゼネカが開発したコロナワクチンは利益を乗せずに原価で販売されているが、いずれのワクチンも特許のせいでグローバルに拡散することができていない。

政府が枠組みを変えるしかない

実のところ、莫大な資金を研究開発に投入しても、それは医療イノベーションの最初の一歩にすぎない。目標がコロナワクチンの開発であれ、がんの先進的な治療法であれ、手ごろな糖尿病治療薬の開発であれ、政府が管理方法と枠組みとインセンティブを根本から変えない限り、患者と公衆衛生のニーズには応えられない。

政府はイノベーションのプロセスを管理し、参加者すべてに明確で透明性のある参加ルールを設ける必要がある。研究開発から治療アクセスにいたるイノベーションの端から端までのすべてが、公衆衛生上の目標と基準に沿って管理されなければならない。そして公衆衛生上の緊急課題が最優先されなければならない。

政府はつねに公衆衛生を改善する方向にイノベーションの生態系を誘導し、集合知を活用するように導かなければならない。知識が自由に交流し、成功も失敗も共有されたうえで協力して、科学と医療のイノベーションが公開され、誰もが[illegible]される。反対に、独占的な科学にはブラックボックスが避けられない。画[illegible]な競争が起き、医療アクセスや公衆衛生の改善よりも豊かな国での市場化が優先されテクノロジーが外に漏れないよう壁がつくられる。公的投資によって開発された[illegible]のテクノロジーの知的財産[illegible]、営利企業が核心のテクノロジーやデータを囲い込んでいる限りはあまり効果がない。

政府は人命のかかった技術開発の投資家であり当事者

公共部門はワクチン、治療法、診断薬など人命のかかった技術の開発における重要な投資家兼当事者として、市場をつくるとともに、新製品のイノベーションの過程を形づくっていくべきである。イノベーションの方向を決め、適正な価格を実現し、特許を戦略的に担保し、医薬品の提供を保証するべきである。

そのためには、世界中の政府が知的財産権、価格設定、提供に関するルールづくりに参加する必要がある。とりわけ対策については、各国が力を合わせ団結して、世界の研究開発と公平な流通を確保しなければならない。

繰り返しになるが、未来の見通しは[illegible]。というのも、条件をつけることで公共投資を施してけなく、公共の利益に沿って市場を形成する担い手になれるような仕組みをつくれるからだ。医薬品とワクチンの価格は、研究開発と製造・供給への莫大な公共投資を反映しなければならない。単なる理念や目的ではなく、具体的な規定を設けて、たとえばコロナウイルスのような重要なワクチンを、すべての医療システムで無料にすべきである。必要ならば、研究から生まれた知識をどの国でも最大限に活用できるように、ライセンスを強制的に許可させる必要もある。

医薬品やワクチンを製造するための生産能力も国内に必要である。そうでなければ、緊急時に十分な薬を確保できない。生産能力を確保するためには、幅広い資産と技術への投資が必要になる。技術と費用のリスクを乗り越えるには、国や地域の開発銀行、世界銀行、基金など、国内外で公益的な資金を集めなければならない。また、グローバルな調達の仕組みをつくり、治療薬やワクチンを世界中で公平に配布し、公平に入手できるようにすることも重要だ。いずれにしろ、世界中の供給を誰かが独占したり、貧しい国を排除したりすることを防がなければならない。

ミッションマップ5「認知症」

ここで、医療分野の大胆なミッションマップを考えてみよう。図11は、私が欧州委員会に提出した報告書から抜粋した、健康的な高齢化に向けたミッションマップだ。

この報告書に私が取り入れたのは、2030年までに認知症の負担を半減させるために、AIから社会サービスまで、どのような分野の連携が必要かを描いたミッションマップである。このミッションには深い社会的要素があり、テクノロジーだけでなく、行動と規制と政治にも注意を

図11 ミッションマップ：「認知症」

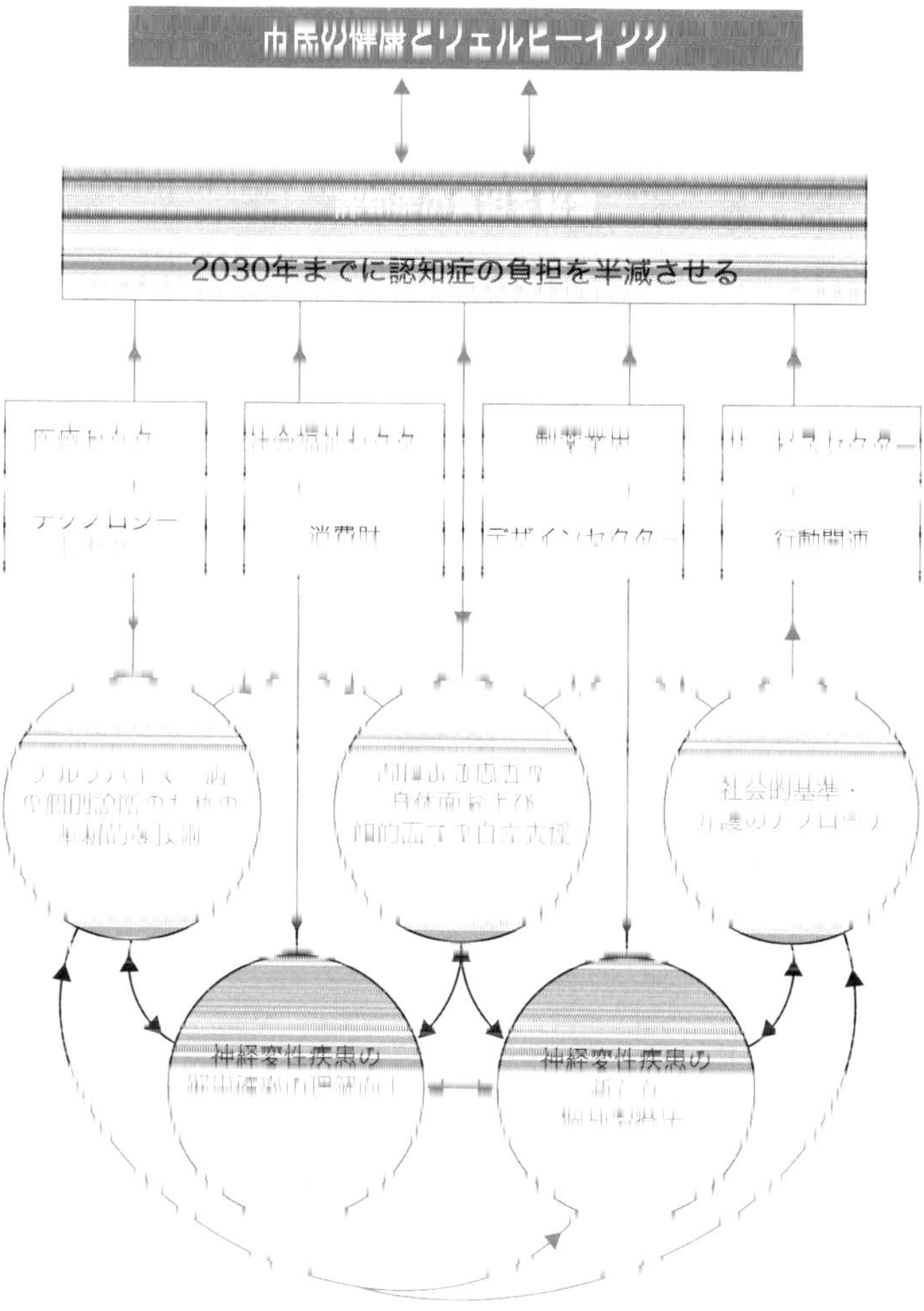

払う必要があるのは明らかだ。

寿命は住むところで決まる

健康と格差が結びついていることを考えると、格差の原因である社会と経済の要因に取り組まなければ、ほとんどの医療問題は解決できない。これをマイケル・マーモットは「健康の社会的決定要因」と呼んでいる。だとすると格差に取り組むミッションを掲げてもいい。

多くの都市で、中心部から離れることに平均寿命が下がることはよく知られている。たとえば、ロンドン中心部のオックスフォード・サーカス付近で生まれた人と、ロンドン東部のドックランズ・ライト・レイルウェイ付近で生まれた人とでは、平均寿命に20年の差があるというデータもある。アメリカでも、ニューオーリンズのように貧困や犯罪や格差がはびこる都市では、わずか1・6キロ離れただけで期待寿命が20年違う。ミッションは、たとえば、その格差をなくすという具体的なミッションを掲げ、ロンドンの地下鉄マップやニューヨークの地下鉄マップで細かく進捗を測ってみるのもいいだろう。

次のミッションもまた、政治とテクノロジーの交差点にある分野の格差に目を向けたものだ。

ミッション：デジタル・デバイドの解消

インターネットの生みの親、あるティム・バーナーズ＝リーも主張しているように、現代社会は、デジタル技術的能力はほぼ基本的な権利となるだろう。[35] それがなければ知識経済への通信によって開かれるチャンスが与えられない。理論的にはすべての人にテクノロジーが備えられていることになっているが、実際は違う。コロナ禍における2020年のロックダウンは、情報格差を拡大させ、定着させてしまった。自宅学習に必要なテクノロジーが生徒に平等に行き渡っていない。ブロードバンド、パソコン、タブレット、スマートフォンなどのデバイスを持たない多くの生徒は取り残された。なかでも部分的にインターネットにつながらない貧困地域やスペースが少ない家庭も多い。今後この課題を解決することが掲げられ、誰もがテクノロジーを利用できる目標が立てられていない。

37億人がインターネットにアクセスできていない

デジタル・デバイド、すなわち情報格差は世界的な問題だ。たとえばアメリカでは、2100万人がインターネットにアクセスできず、ブロードバンドにつながっているのは全世帯の4分の3にすぎない……。情報格差によって、より安定したインターネット接続環境がない家庭ができてしまう。情報格差は、黒人やヒスパニック系、低所得の家庭ではさらに顕著だ。

イギリスでは、10世帯の1世帯がインターネットに接続できない。2018年には、11歳から18歳までの子どものうち70万人の家庭に、自宅のコンピュータやタブレットからインターネットに接続できない状態で、さらに60万人は自宅がモバイルインターネットしかつながっていないと答えている。

る。この年齢層のうち、自宅でインターネットに接続できる子供の68%が、インターネットなしでは学校の勉強をこなすのが難しいと答えている。合計すると、世界人口の半分にあたる37億人もの人々がインターネットにアクセスできない状況にある。[39]

ミッション志向のアプローチでこの問題に取り組むには、はっきりとした目標を置かなければならない。その目標がイノベーションの原動力になる。それを支えるために調達や報奨金制度を使って創造性をはぐくみ、大胆に前向きな組織の規模拡大を助ければいい。

デジタル・デバイドは多面的な問題

しかし、こうした「やっかいな」問題には直球の解決策があるわけではない。社会問題をテクノロジーだけで解決することはできないのだ。デジタル・デバイドは多面的な問題である——テクノロジー、経済、社会、感情、政治が関わっている。

インフラ

そのひとつがデジタルインフラの側面だ。無線データプランや有線ブロードバンドや光ファイバーといったチャネルを通してオンラインサービスにアクセスするにはデジタルインフラが必要だ。マイクロソフトのエアバンド・イニシアチブによると、アメリカでは約1億5700万人が高速で高品質なインターネットにアクセスできないといわれる。つまり、ロックダウンのあいだ、かなりの部分で、物理的に存在する教育から除外されていた生徒が多かったことになる。よた、親たちはリモートワークができる環境になかったということだ。

ハード

ハードウェアの側面は、デバイス、リテラシー、そして、環境に関わるものだ。ワイヤレスホームが普及したことで、オンラインサービスを利用する際、多くの人がノートパソコンやデスクトップではなく、携帯電話やスマートフォンに頼っている。しかし、ラップトップやデスクトップと比べると、携帯電話で利用できるサービスやソフトウェアの機能は限られる。それに、誰もがオンラインサービスの操作に詳しいわけではなく、その方法を学ぶ時間もない。誰もが安全で静かな学習環境でオンラインカリキュラムの検索に時間を費やせるとも限らない。自分だけがなじみのデバイスを独占できるわけでもない。また、言語などによって違い、インターネットをフル活用してオンライン学習リソースにアクセスし、今日のデジタルサービスに必要な手順の読解を試みるとは限らない。

価格

ホームインターネットサービスの価格も、もう一つの側面だ。多くの家庭は、インターネットやモバイル通信のプランを併せて支払いを続けなければならないが、どのプランがいいのかはっきりせず、使ってみないとわからないことも多い。その上、プライバシーに関する懸念、隠れた手数料、データ通信量上限など、ユーザーとプロバイダーのあいだの認識と関係も、障壁になりうる。

こうしたことと、ほかの不平等とが組み合わさって、デジタルリソースを持てる人と持たざる人のあいだに埋めがたい格差が生まれている。AIなどの先端技術が普及しはじめると、格差はさらに拡大するだろう。ちょっとしたスキルと経験があり、それなりの性能のデバイスがあれば、ノウハウのない人よりもはるかに多くの恩恵を受けられるかもしれない。

そう考えると、デジタル・デバイドとは、さまざまな格差が集まってひとつの結果として表れたもので、単にインターネットやラップトップに手が届かないということだけでなく、使い方がわからないとか、関心がないとか、オンラインに触れるチャンスがないとか、利用できる時間に差があるとか、トレーニングや接続の質、アクセスのしやすさなどあらゆることが関係している。したがって、オンラインリソースの拡散、民主化、誘導、そしてトレーニングを改善させるようなイノベーションが必要になる。そのためには、手ごろな価格で、持続可能で、利用しやすく、役に立つオンラインのアクセスとサービスを実現させる政策をみんなで進めなければならない。

ミッションマップ6「デジタル・トランスフォーメーション（DX）」

ひとつのミッションで、これほど複雑で入り組んだ問題に取り組むのは不可能だ。そこで、図国では、すでにかなり多くの関係セクターを巻き込んでミッションマップをデザインし、生み出した。先行イタリアはヨーロッパの中でもデジタル化が遅れており、デジタル経済・社会指数（DESI）では28カ国中25位に甘んじている。高速または超高速の接続を利用している企業は、EU平均よりはるかに少ない。インターネットにつながっている世帯は71.7%で、中北部と南部の格差が非常に大きい。このような中で、ミッションでは、コンピュータハードウェア、データ、デザインから教育、データ管理、金融、エネルギーといったさまざまな業種の協力が必要であり、政府は2013年に「エネルギーチャット」という目標を掲げ、2018年までに全土の世帯が高速でインターネットにアクセスできるようにするとしたが、これに民間企業や政府の協力が得られなかったため、実現しなかった。

必要な分野へのプログラム進行は行われなかった。格差を認識しながらも有効に対処できなかったのは、格差の解消には、国内でのノウハウやミッションを推進する地元図書館でのコンピュータの利用など、地域の複数の自治体間の連携が必要だったため、実現に至らなかった。インターネットへのアクセスを確保する。これには、生活レベルの向上や利用効果の最適化される。インターネットにつながったからといって問題が解決されるわけではない。

英BBCが主導した国民「コンピュータ教育」とその副産物

コンピュータ・リテラシー向上を目的とする公共政策のミッションが、どう技術革新や行動の変化をもたらしたハイテク企業のビジネスイノベーションを拡げたかを示す興味深い事例が、一九八

図12　ミッション・マップ6「デジタル・トランスフォーメーション（DX）」

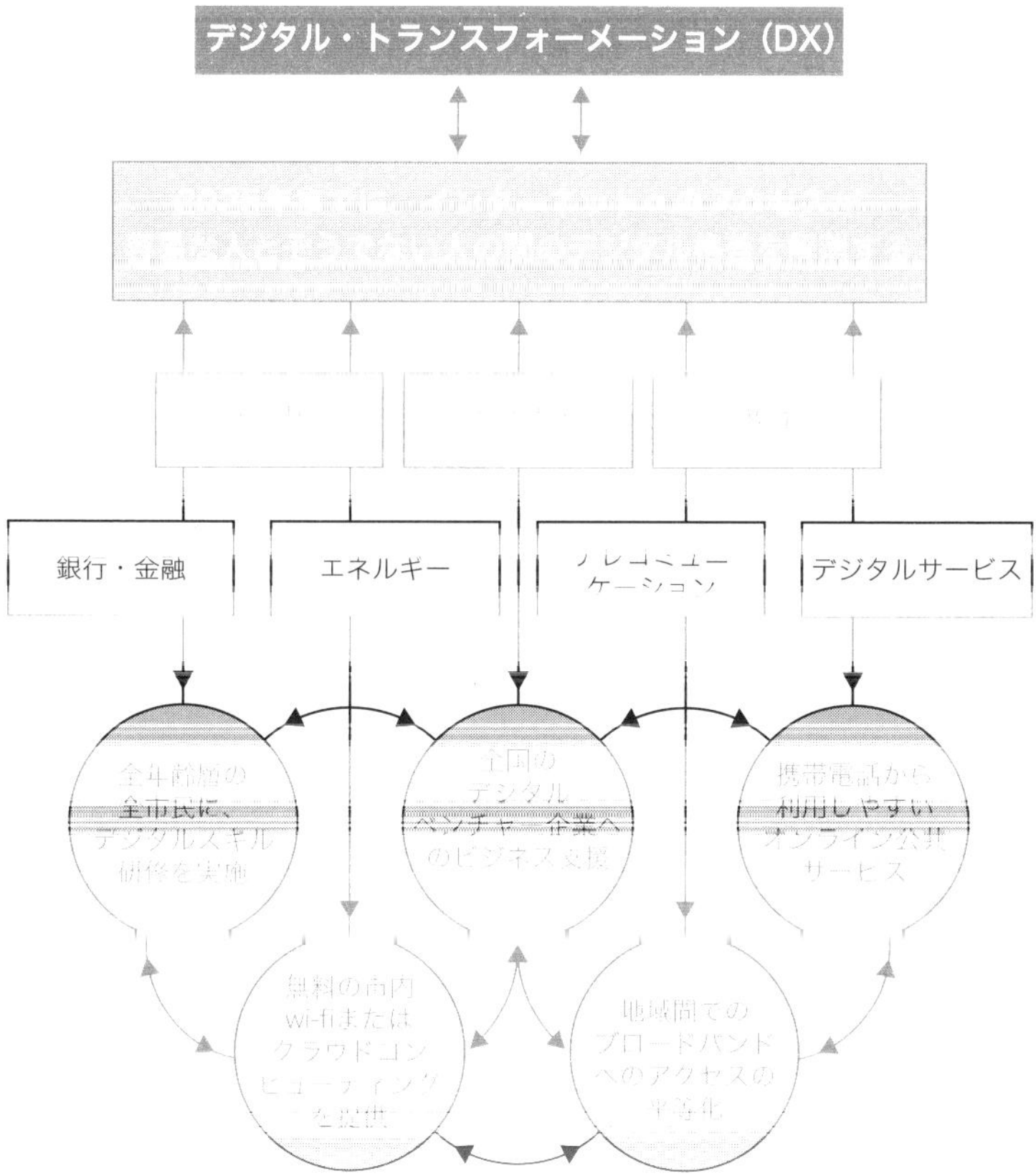

向けのBBCコンピュータ・リテラシー・プロジェクトであり、これはイギリスの一般家庭の人たちにコンピュータの知識や使い方を学ぶ機会を提供するために、BBCが作り上げたミッションを担った。

このプロジェクトには、さまざまなタイプの投資が必要だった。そのひとつが、BBCマイクロと呼ばれるコンピュータの開発で、このコンピュータがその後イギリスのほとんどすべての学校に導入されることになった。このコンピュータは基本的な計算処理ができ、しかも一般の学校だけでなくすべての学校が手の届く安価なものでなければならなかった。

BBCマイクロの製造を請け負ったのは、ケンブリッジ近郊にあるエイコーン社である。同社が協力にあたって、どんな成果を上げねばならないかは示されたが、イノベーションとノウハウは外部の多くの協力企業に委ねられていた。

BBCのコンピュータは一時的にではなく継続的に改良され、熱心なファンが改造した周辺機器をつけたり、ソフトウェアやゲームをつくったり、専門誌をつくったりした。そこから新たなシステム産業が芽を出し、エイコーン社はその後つぶれたが、ここからスピンアウトしたARM社は、今では世界有数のチップ設計企業であり、ソフトウェア開発企業として知られている。ARM社がチップ設計のリーダー企業となったのは、BBCマイクロの第二世代のプロセッサ設計がきっかけだった。

このほかのエイコーン関係の企業から、ラズベリーパイ財団ができ、この財団が開発した低価格コンピュータが、今では、このコンピュータが世界中のデジタル教育を助けている。

これは、ミッション志向の調達が産業の規模拡大を助けたいい例だ。商売ではなく公共の目的に目を向けたからこそ成果が出せた事例である。そして、その過程で産業も恩恵を受ける。

「ゲームのルール」ではなく「ゲームそのもの」を変える

現状を前提にしていては、ミッション志向の考え方はできない。ミッション志向の取り組み方とは、支援したいセクターを選ぶのではなく、さまざまな分野の連携をうながすような問題を見つけることだ。また、小さいからとか、困っているからという理由で資金を手渡すのではなく、多くの組織から異なる解決策（プロジェクト）を呼び込めるような政策を設計することだ。

それは、市場を修正することではなく、市場を創造していくことを意味する。

それは、リスクを取り除くことではなく、リスクを共有することである。

それは、勝者を選ぶのではなく、リスクを喜んで受け入れる人を選ぶことである。

そして、ただ「競争のルール」を決めるのではなく、競争のあり方そのものを変えて、変革――たとえば低炭素経済への移行や国のデジタル化に向けた変革――をうながすことなのだ。

こうした新しい考え方はこれまでの経済の通説と矛盾する。そこで次章では、「ミッション志向の経済の枠組みを提供できる、大胆で新しい政治経済とはどのようなものか？」を問うことにしよう。

第４部

ミッション経済の時代がはじまる

――私たちの未来を問い直す

THE NEXT MISSION

第6章

理論と実践
——政治運動の新たな経済の7原則

21世紀型の「大聖堂」を建てる

2019年4月16日、スウェーデンの若き気候変動活動家、グレタ・トゥンベリは欧州議会で演説し「大聖堂を建てるつもりで」気候変動に取り組もうと呼びかけた。

「今ならまだ、間に合います。すごく遠い先を見る目がいるし、勇気もいります。強く激しい内から発する行動を起こさなければならないのです。人類がどんな風になるかといった細かいことはわれわれはよく知らない。私たちが一切分かっていなくても構いません。言い換えれば、それは前代未聞の勇敢な行い、大聖堂を建てるつもりで取り組まないといけないんです。どうか目を覚まして、必要なことを起こしていただきたいと思います。ベストを尽くすだけでは足りません。不可能を可能にしなければならないのです」

中世の建築家たちは、日々大きなリスクを背負って、ヨーロッパの最も貴重な文化遺産のひとつである大聖堂を建設した。それは今の建築家ならとても負えないリスクだった。建設にどれほどの費用がかかるか、どれだけ長い時間がかかるか、誰にもわからなかったからだ。そこにあったのは、創造性を発揮して神の栄光を具現化するというミッションだけだった。そのミッションが社会のさまざまな人をひとつにした。聖職者、職人、貴族、支配者、そして一般人々。そうして完成した大聖堂は、今でも私たちと共にある。

現代の政府もまた、21世紀におけるミッション志向の「イノベーションの大聖堂」を建設できるはずだ。

ただし、これには勇気と強いリーダーシップとしなやかな創造性を身につけ、自らをつくり変えなければならない。それはすなわち、システムを強化し、その基盤となる協力体制を強化するということだ。

よく知られているように、聖堂の建設で多くの労働者が命を落とした。社会課題をイノベーションで解決するにあたり、公衆衛生と公教育と公共交通のシステムが、平等と公平と持続可能性を組み込むという点は、企業のグローバルな活動と経済を可能にする社会インフラも、はじめからこうしたことを織り込んで設計されなければならない。

政府・企業　資本主義はどう変わるべきか

官と民の関係はおかしくなった。公共システムが機能し、健全な社会の一部となるには、これまでは違うタイプの民間部門が必要になる。政府がどれほど大胆なミッションを掲げても、企業との生産的な関係がなければ、そして企業自身が長期的な視野と目的を持たなければ、より良い道を追求できない。

企業が単に金融商品や株主価値の最大化ばかりで、ステークホルダー主導の統治体制に移行しようとする動きが出ているとはいえ、ただの口先だけ以上に実際に世の中が変わっているという証拠はほとんどない。

ステークホルダー主導の統治体制とパートナーシップが組織の統治と相互の関わりの核になってはじめて、本当の前進が起きる。

このように山積した課題に取り組み、資本主義を変えるには、政府、企業、市民社会の関わりと、とくにその根底にある力関係を見直さなければならない。資本主義にはさまざまな形があるが、今の私たちの資本主義の形は偶然[illegible]ている。

第2章では、今の資本主義の問題点を挙げた。金融の中だけでお金が回っていること、企業が四半期ごとの利益にとらわれて長期的な成長を見据えていないこと。地球温暖化。政府が変革の舵取りを進めず、「市場の失敗」しか果たしていないこと。第3章では、政府はノロくたいした役に立たない、という偏見がどう生まれたか、政府の規制が「市場を歪める」だと思われるようになったのはなぜかを描いた。第4章では、なぜミッション志向のアプローチを公共政策に取り入れなければならないかを議論した。

第5章では、ミッションに基づく政府と民間との新たな関係──新しい資本主義──を実現するにはこれまでと違う政治経済の枠組が必要であることを説いた。

政治主導の新しい経済、7つの柱

この新しい政治主導の経済とは、政府が市場を修正するだけではなく、市場を共創し、形づくることが土台にある。そのためには、価値創造の考え方を変え、全員参加の取り組みとして価値創造を認識しなければならない。既存の政策と構造が間違った理論に基づいているとすれば、次は新しい理論に基づいてミッション志向の政策を「実践」しなければならない。その理論は、これまでにない市場形成と価値創造の考え方が基盤になる。

ミッション志向のアプローチを導く、すぐれた政治主導の経済には、7つの重要な柱がある。

ひとつ目の柱は、**価値**に対する新しい姿勢と、全員参加の**価値創造**のプロセスだ。企業と政府と市民社会がひとつになって価値を創造することが必要で、誰か脇役に回ってもいけない。まずは、全員参加の価値創造とは何か、公共のパーパスは何かを定義し、それに従って価値創造の方向を決め、生まれた価値をどう分け合うのかを決めなければならない。

ふたつ目の柱は、**市場と市場形成**についてだ。ミッション志向のアプローチには、これまでと違う政策の役割が求められる。すなわち、市場の失敗を修正するのではなく、積極的に「みんなで市場を創造し、形づくる」という役割だ。市場を形づくるとはつまり、平等な競争環境の確保というこれまでの政府の役目を離れて、市場の方向性を目指し、競争環境をその方向に誘導することでもある。それは、勝者を選ぶことではない（[illegible]計画するように）、社会が求める価値を生み出す意思のある者を選ぶということだ。たとえば、価値を独占する人より価値を機関や政策手段を使って優遇し、よりインクルーシブで持続可能な経済を構築する方向に導くことができる。

5つ目の柱は、組織と組織改革についてだ。みんなと共通の目的を追求するなら、競争ではなく協働の仕方が必要になる。たとえば、リスクを取ってみんなで協働する力、先の見えない中で物事を実行する力、金融の世界では短期を回すのではなく長期的な目的のためにお金を使う力などだ。また、達成された目的だけでなく、そこから生まれる良い波及効果と悪い波及効果を総合的に評価することが求められる。こういったことをしなければならないのは、これまでとは違って政府の中外の役割が分けられず、組織内部のリーダーが変化に投資し、知識創造と学習と創造性を育まなければいけない。それがなければ価値共創はできない。

6つ目の柱は、金融と長期的な資金の調達についてだ。最近の経済理論のほとんどは、金融的側面が短期的な利益をあわせている。だが、ミッション志向のアプローチは、これまでとは視点が逆の経済のために社会を動かすのではなく、社会的な目標のために経済を動かすには、予算のあり方を変えなくてはならない。まず、何を成すことが必要かという問いから始めて、次にその費用をどう捻出するかを問わなければならない。融機関や各種制度を通じたイノベーションと公的資本で、公共投資が長期的な成長をもたらすことは可能だ。戦時中にそれができるなら、平時にも社会問題の解決と共通目標の達成のために同じことができるはずだ。

7つ目の柱は、分配とインクルーシブな成長である。社会のためになるような正しい条件がそろえば、価値創造と市場形成を行う中で、創造された価値を再分配するだけでなく創造前に分配し、投資価値を共有することもできる。それはつまり税制によって価値を回収するこれまでの仕組みではなく、民営な雇用は内部市場の共有の仕組み——とくにデータの共有——に力を入れるというこうした言い換えると、価値創造はみんなの努力の成果＝価値として、それにはリスクを取って実験することと、努力と、調整と、良質な貢献（金融）が必要なのだ。そう考えれば、価値の分配がこの原則を反映したものでなければならないのは当たり前だとわかる。

まず、すべての価値創造者が報酬を受け取るべきだ。第二に、創造性の源泉に投資することで、その価値を再現しなければならない。第三に、資金源からお金を引き出すのではなくお金を戻さなければならない。こうすれば、経済システムがより公平でしなやかになるだろう。

6つ目の仕組みは、**官民協働とステークホルダーの価値**についてだ。全員参加の価値創造を重視するということは、企業と政府のコラボレーションの仕組みが重要になるということだ。「パーパス」とステークホルダーの価値という概念は、企業統治の改革に関わるだけでなく、企業と国家のあいだの契約の詳細にも関わってくる。

NASAと民間企業の協力関係は、共生ではなく寄生になりかねない今の時代のパートナーシップのお手本になる。ある組織が他方を犠牲にして成長するのが寄生的なパートナーシップだ。反対に、共通の目標を持った組織がともに一緒に繁栄するのが共生的なパートナーシップである。現代のデジタルプラットフォームや医療やエネルギーの市場で、これをどう実現するかは差し迫った課題だ。

7つ目の仕組みは、**参加と共創**の仕組みだ。みんなで価値を創造するためには、これまでにない参加の形をつくらなくてはならない。そこで議論を闘わせ合意を形成しなければならない。そのためには、さまざまな意見と経験が集まる市民集会のような新しい分散型の仕組みが必要だ。また、そんな仕組みや仕組みがないなかで、その仕組みをつくらなければならない。ルーズベルトのニューディールや、アポロ計画も、トップダウンが支配していた。21世紀の課題には、市民やコミュニティとの関わりが必要になるだけでなく、市民とコミュニティが中心に立つことが求められるのだ。とすれば価値とは企業、非営利団体、地方自治体、中央政府という4つの異なるグループが生み出すものだということを認識しなければならない。

この7つの柱がすべて揃って、政府主導の新しい経済を生み出すことができる。その新しい経済は、ミッション志向のアプローチが活用され、公共の目的と市民の参加によって動かされる経済だ。それでは、7つの柱を詳しく見ていこう。

柱1　価値：共創する

価値創造に高尚な目的をもたらすのが、ミッションである。ミッション志向とは、わたしたちが成長の速度ではなく、方向性が重要で、その方向性には目的があるべきだと認めることにほかならない。課題解決に投資するには、新しいツールが必要になる。ひとつ目は、昔ながらの公共価値と公共目的の概念、ふたつ目は、市民の共創の仕組みだ。さて、まずひとつ目のツールから紹介しよう。

　1978年、経済学者のJ・K・ガルブレイスは、アメリカ経済が企業利益に取り込まれ、政府は道を誤ったと主張した。企業利益でなく公共の利益に基づいて政策を動かすべきであり、そうするにはこれまでの伝統的な経済理論をはっきりと否定すべきだとガルブレイスは唱えた。「経済システムの目的を見直すことで、経済学の目的も見直される。それには経済と政治の両方が変わらなければならない」

　ミッションを定義し、官民などが力を合わせて価値を共創するかを考える指針になるのがパーパスだ。その文脈でいくと、「公共部門」といっても、政府だけが価値を創造する主体ではなく、異なる主体がコミュニティ全体のためにみんなで価値をつくり出すという意味になる。

　復活させるべき「公益」の概念は、はるか昔にさかのぼる。ギリシャの政治哲学は、社会奉仕を強く意識し、公共問題への関わりを市民の義務として説いていた。これは専制政治を避けるために必要なことだとされ、古代ギリシャでは公共問題に関わらない者を「イディオテ」、つまり愚か者、という言葉で表現したほどだった。アテネの裕福な人たちは愚かだと思われたくないため、演劇祭などの公共事業に資金を提供した（世界最初の経済学者といわれるクセノフォンが『ヒエロン』でそう語っている）。

　その後、古代ローマ人は、「プロボノ（pro bono publico）」という言葉で倫理観を表した。これは「利益追求ではなく共通の利益のために働く」という意味で、法律分野では今も使われている。

とはいえ、公共の目的に力を入れた古代ギリシャ・ローマ文明にも深刻な欠陥があった。奴隷制度が存在し、女性には公的な役割がなく（例外は「聖なるもの」の世話をすることだった）、残酷な搾取の下に文明が成り立っていた。

この公共圏の考え方は、現在主流になっている経済の枠組みとは相容れないものだ。その枠組みでは、人間が自分の欲望をとことん追求するという前提に立っている。個々の意思決定が集団の努力より優先されると考えるのだ。企業は利益を最大化し、消費者は効用（心理的な「快楽」）を最大化する。仕事ですら、労働者が余暇で得られる効用と労働で得られる効用を最大化した結果だと考えられている。すると、社会的な価値とは、個人（労働者、企業経営者、自営業者）が追求する最大の自己利益の合計でしかない。

また、従来の枠組みは、価格と価値をごっちゃにしている。つまり値段のつくものだけに価値があるとされている。すると、多くの無料の公共サービスは、いくら支払われているかがわかるもの（たとえば、学校の先生の給料）を除いて、価値がないことになってしまう。公的サービスの費用は明確にわかるが、その成果の大半（たとえば、しっかりと機能している教育制度）は見えにくいかもしれない。

公共財とは何なのか

第2章で見たように、教育、基礎研究、きれいな空気などの公共財は、みんなの出資によって生み出された「目標」とは見られず、民間部門がやらないことをやっているだけだと考えられている。しかし、もし公共の目的が経済を動かしていたら、私たちは「市場の失敗や営利企業のやらないことを公共財がどう埋めるのか」とは考えず、「公共財はこの社会課題を解決するのか」、「私たちが最も恩恵を受けるにはどんな形でなければならないか」と考えるはずだ。

公益の方向性を決めるには、公共財を社会の目標として見るべきで、市場の失敗を修正するものと考えるべきではない。きれいな空気から公教育まで、公共財とは社会のみんなの願いと投資と社会運動による圧力の結果である。そうした公共財を生み出すには、計画と管理の知識と能力が必要で、さまざまな利害関係者の調整もその能力の一部だ。そう考えると、集合的価値創造の理論を前提としてはじめて、公共目的をかなえるために共有財をつくり出すことが可能になる。

これまでの公共財の議論においても、「お金を払わない人を排除できるか」という問いがつきものだったが、それより重要な問いがある。それは公共経営理論家のバリー・ボーズマンが公共価値創造にまつわる議論で投げた「社会が求める公共価値が提供されているか、あるいは保証されているか」という問いだ。社会が求める価値を公共財に組み入れることは、物理的インフラにも社会的インフラにも欠かせない。

この問いは、私たちが当世紀の資本主義をどう運営するかを考えるうえで基本になる。医療イノベーションをどう生み出すか、集合知を利用したワクチン開発、デジタルプラットフォームをどう管理運営するか、データを個人情報とみなすか、異なる意見をまとめて都市の新しい生き方を共に考え環境に優しい社会への移行をどう設計していくか、モビリティの未来、カーボンニュートラルな建築、実験的公共空間をどう共につくっていくか生産、分配、消費の中心に公益と公共価値の概念を置き、経済の方向を変えてはじめて、よりインクルーシブで持続可能な社会を真に実現することができる。

柱7　市場は修正ではなく、形成する

みんなにとって良いことを目指すという変革の核には、官民で価値を共創するという考え方がなければならない。そして価値共創に必要なのは、それにふさわしい政策だ。この政策の役割は、市場を修正することでなく、市場を創造し形づくっていくことである。

市場の失敗理論（MFT）の前提にあるのは、市場は効率的で、市場が失敗した場合に政府がそれを修正すべきという考え方だ。政府が介入するのは、市場の失敗の原因を正すためだ。市場の失敗の原因は、正の外部性（波及効果が高い分野に民間部門の投資が足らず、基礎研究など政府が資金を提供しなければならない場合など）、負の外部性（炭素税を導入して大気汚染を減らす場合など）、情報の非対称性（銀行が新興企業についてあまり知らないため、政府が中小企業向け融資を行う場合など）などとされる。

より良い競争理論

MFTは理論として大きな欠陥があるが、それでも公共政策の指針となってきた。MFTは完全競争市場を前提にする理論である。市場の情報は完全であり、市場は自己完結しており、市

引コストも摩擦もないとされている。そのため、現実の市場を測るには、つまり、企業がイノベーションによって競争し、寡占企業や独占企業（たとえば特許があるという理由で）も多い市場を測るには、完全競争市場からどのくらい離れているかを認識すべきだというのがMFTの説である。

だが実際には完全競争市場は存在しない。市場はほぼいつも不完全で欠陥がある。したがって、政府介入の結果がパレート最適から見て非効率的だったとしても、分散型市場の結果を改善できるはずなのだ。

もちろん、市場の失敗に政府が取り組まなくていいというわけではない。大気汚染に炭素税で対抗するのが間違っているということではない。むしろ、より良い競争理論が必要だということだ。

また、イノベーションが企業競争の源泉であることを考えると、イノベーションの原動力と方向性を競争についての考え方の核に据えるべきで、これを「不完全性」のひとつと見るのは間違っている。しかも、これまでとはまったく違う形の経済成長を目指すなら（たとえば、環境に優しい経済に移行するなら）、失敗を「修正」するだけでは目標に届かない。

実際、月面着陸からSDGsへの取り組みまで、第1章と第5章で見てきた例では、政府が市場の失敗を修正する以上の役割を求められた。既存の環境を正すのではなく、これまでにない環境を思い描き、政策を通してさまざまな人が以前には見えなかった投資機会を見出すようにする必要がある。投資をうながすのではなく、新しい市場を創造することで投資を呼び込むという意味だ。

アポロ計画は、その後数十億ドルかかってソフトウェアへの投資を呼び込むことになった。最近では、グリーン・エコノミーの分野でも同じことが起きている。政府がまず高リスクで資本集約的な環境テクノロジーへの投資（たとえば、太陽光発電や風力発電への初期投資）を行うと、民間企業もそれに追随し、おかげでテクノロジーの競争力は高まった。

どのような市場を望むのか

しかし、市場の修正ではなく市場形成を念頭に置けば、政策の視点が幅広くなるということだ。その出発点になるのが、「どのような市場を望むのか」という問いである。

ここで注目すべきは、必ずしも医薬品だけでなく、投資の質とそれを支える統治構造だ。たとえば医療の分野では、健康の概念をイノベーションによって広げ、新しい治療法だけでなく、新しい形の予防的ケアにも投資し、国民の健康の制度を目指して、望ましい結果をもたらすことが必要になる。

あるべき姿として特許は、イノベーションは民間企業のものであって、政府はそれを保護するだけということに立ってしまう。しかし、現在公的投資によって価値が創造されているのに特許が公共の利益に資するものでなければならないはずだ。つまり、特許は弱く（ライセンスを取得しやすく）、強く（戦略的な理由では使われず）、上流すぎない（研究ツールを含まない）ように共有化されるようにすることが求められる。

このように、政府が市場形成の役割を果たすには、供給サイドに目標志向の投資や、需要サイ

表3　市場の失敗と市場の形成の比較

市場の失敗	市場の形成
[illegible] が働き、他社よりも生産コストが安くな [illegible]	[illegible] であり、官民双方の活動や投資から [illegible]

ドに市場の創出が、そして（特許などの）統治機構が必要になる。それがイノベーション主導のインクルーシブな持続的成長を可能にするのだ。表3では、市場失敗理論と積極的な市場形成理論を比べてみた。

柱③ 組織：機動力

価値を共創し、市場を形成するには、官民の両方に機動的な実験能力と学習能力が必要になる。民間では「学習する組織であれ」とよく言われるが、第3章で述べたように、民間の補佐役として市場の修正者に格下げされた公共部門では、学習の大切さが問われていない。公的機関が積極的な市場形成の役割を担うにあたっては、戦略的な行動の生み出し方と実行法（リーダーシップ能力から、社会の集団や組織や個人を巻き込む力まで）を考え直す必要がある。また、公務員の育成方法、研修から業績評価、昇進まないと見直し、役所の仕事の管理方法、部門横断的なリーダーの育成、実行可能なイノベーションを生み出すための反復的な実験まで）も考え直すべきだろう」。

政府こそ「学習する組織」になれ

民間企業の経営者は「柔軟で機敏であれ」と教えられる。価値創造に必要な力についての学問も多く存在する。世界中のビジネススクールで、戦略的経営、組織行動、競争戦略論が中心的能力として教えられるのが一般的なスタイルだ。それなのに、政府の中で機動的に働いている事例はほとんど存在しない。

新しいビジネス理論を切り開いてきた経済学者のデイヴィッド・ティースは、1990年代に、競争力とは内部資源（とくに「動的能力」）であると唱えている。彼らの研究をもとにカリフォルニア大学バークレー校ハース・ビジネススクールのデビッド・ティースらの組織理論が備えたのが、企業の「機動力」という概念である。これは、組織内外の力を集め、強化し、再構成して変化の激しい環境に対応する能力を指している。この手法は、ハーバード・ビジネススクールの著名な経営学者であるマイケル・ポーターが唱える、サプライヤー、顧客、競合他社に焦点をあわせた、競争環境におけるポジショニングとは逆に、内なる力を重視するというもの。外部環境にあまり気にせず、学び、自由を探し、俊敏に立ち回り、困難な環境に適応する力に目を向けるという意味だ。

ミッションは、政府のあり方において、外部諸団体を含めて共に問題に取り組むすべての組織でそうした力の大切さを自覚することが求められる。だが、政府の役割は価値創造ではなく、市場の修正だという思い込みから、公共部門では価値創造とリスクテイクの能力とスキルに力を入れてこなかった。だから公的組織が大胆な変革より、段階的に仕事の効率を上げることしかできなかったのは無理もない。

機動力とは、組織が知識などのリソースを開発・改善するのに役立つ能力で、既存の組織運営やリソースの一部としての管理力ではない。短期的な競争優位を獲得するための「コアコンピタンス」のひとつが機動力で、それが長期的な競争優位につながる。実践による学習は、組織の総合力を上げ、周囲の世界を理解するための吸収力を向上させる。

イギリス政府がコロナ対策を外注したのは、このことが認識できていなかったからだ。政府が接触者追跡システムの管理をコンサルティング会社に任せたことで、優秀な公務員はその知識を証明しさらに積み上げる機会を奪われ、危機を通して組織が学習するチャンスも損なわれた。

新たな挑戦はこわいものだが、公共部門の能力を強化するチャンスでもある。それなのに、政府は組織的な学習に投資せず、困難な課題の管理をコンサルティング会社に丸投げしてきた。イギリスでは、EU離脱の国民投票後の２０１８年に、コンサルティング会社への支出が15億ポンドも増加。コロナ危機下の２０２１年３月までには、経営コンサルタントなど外部の「専門家」を雇って行う検査システムに４億３８００万ポンドが投下された。これは、プレゼン上手なコンサルタントを嫌って組織の能力に投資したＮＡＳＡとは対照的なやり方だ。

経済学者のリチャード・ネルソンとシドニー・ウィンターは、イノベーションの父とも言われるジョセフ・シュンペーターの研究に基づいて、経済におけるイノベーション・プロセスに関する先駆的な研究を行ったことで知られている。ネルソンとウィンターは、イノベーションの仕組みを理解するには、経済理論の生産関数（インプットとアウトプットの「ブラックボックス」（中身がわからないという意味でそう呼ばれた）を解体しなければならないと説いた。とくに先の見えない状況でイノベーションがどう起こるかを理解する必要があると主張した。[17]

「進化経済学」と呼ばれる彼らの研究は、経済主体が慣習や経験則を通して不確実性に適応すること、彼らが実験や学習を通じて進化すること、そして競争淘汰の過程で生き残るのは一部だけであることを明示している。

彼らの研究は、認知心理学者のハーバート・サイモンの思想に基づいている。サイモンは、経済主体の合理性には限界がある」と主張し、経済主体は利益の最大化ではなく満足を求めて行動するとしている。実際にもし企業が利益（コストと価格の関数）を最大化するために変わり続けていたら、学習しないはずだ。価格と費用が変わるにつれて事業が変われば、実践による学習はできない。言い換えれば、イノベーションの理論は、学習と実験と不確実性への適応に基づいていなければならない

難題に対処するための5つの能力

第1章では、月へのミッションを成功させた原則を紹介した。第1章で紹介した能力に加えて次に紹介する5つの能力が、複雑で「やっかいな」問題に対処する能力の核となると私は考えている。

リーダーシップとエンゲージメント

市場を共創するには、政府にリーダーシップと巻き込む力が必要になる。ミッションはただの流行になりがちだったり、上からの命令になってしまうことも多い。だからこそ、多様な社会の主体を巻き込んで、大胆なビジョンを掲げて導く能力が欠かせない。多くの先進国で「民主主義の赤字」が批判される今の時代はとくにそうだ。社会課題の中には、私たちが慣れ親しんだ生き方を問うものもある。郊外化とそれに伴う交通システムの混雑など。

人々を巻き込む力があるということは、ミッションを掲げる力だけでなく、異論と適応を許す力があるということでもある。

調整能力

ミッション志向の政策を成功させるには、一貫した政策手段と資金を手当てし、調整せる能力が欠かせない。ミッション志向の政策はテクノロジーによる解決策だけでなく、社会政治色も強いため、実験の能力が以前にもまして重要になっている。部門の垣根を越えて仕事をする能力も欠かせない。

管理能力

これからはエンジニアリングから人間中心のデリバリーまで、多様な専門知識とスキルが当局側にも必要となる。ミッションの管理には、新しい組織の形態が求められる。関連性のない知識分野、たとえば都市のモビリティと都市計画には、新たなエネルギー貯蔵システムとライフスタイルに関する知識が必要になり、それを混ぜ合わせ組織の流動性（ひとことで言えば、部門を超えたチーム）を担保するような枠組みが必要だ。[20]

リスクテイクし実験する能力

今、政府に必要な大切な能力が、リスクを取り、不確実性を歓迎し、試行錯誤を通して学ぶ力である。学習能力はそもそも機動的なスキルだ。学習には時間がかかるため、ミスへの忍耐力が組み込まれていなければならない。効率性を測るだけでは、つまりインプットに対するアウトプットを測るだけでは、この能力は測れない。効率改善のための改革の多くは民間に外注してきたため、政府機関は空洞化し、学習能力と不確実性への適応能力が損なわれた。

動的な評価能力

同様に重要なのは、評価能力だ。市場の失敗理論（費用便益分析など）だけに頼らず、実験を統合的に臨み、市民を中心に置き（お客様としての市民）、システムが市民の役に立っているかどうかを評価できる能力が必要だ。

ミッション志向の政策には、はっきりとした評価基準がある。それは、ミッションが達成されたかどうかということだ。しかし、予想外のことも起きる。求めていたのとは別のものが見つかるのがイノベーションの特性だ。したがって、第4章で述べたように、波及効果も含む評価基準が必要になる。

そのためには、固定的な費用便益分析よりも、変化のあるフィードバック効果にも目を向けなければならない。費用便益分析や正味現在価値の計算は市場価格と費用に基づく固定的な評価だが、戦略的なミッション志向の投資は、テクノロジーの限界を広げ（最先端の技術の利用）、それが経済全体に波及効果を及ぼすことがある。

そこには固定的なものがない。コンコルドへの投資でさえ、飛行機が「飛んだかどうか」だけでなく、その投資が複数の分野にもたらした効果を評価しなければならない。

そのため、動的な波及効果や付加性など、政策の経済効果を取り込むための新たな評価指標が必要になる。付加性とは、想定外のことが政策によって起きることだ。

ここは重要なポイントだ。というのも、多くの政策が投資コストを減らすインセンティブに焦点をあわせているからで、それはいずれにしろ起きることだからだ。だが将来ビジネスチャンスがあるという期待が投資につながる、ということは、政策によってそ

表4　公共投資の動的評価

	市場の修正	市場の形成
政府の主要な役割	[illegible]	[illegible]
事業計画	[illegible] 定的な関係と価格を前提とした資源配分効率	[illegible] 化を含むシステム改革に注力する
[illegible]	[illegible]	[illegible]
評価	[illegible]	[illegible] の関係性に目を向ける
リスクに対する考え方	非常にリスクを嫌い、最適化バ [illegible]	失敗は学習の手段として受け入れ [illegible]

の期待値がどの程度変化するかを評価することが必要になる。すると費用便益分析や資源配分効率を超え、「動きのある効率性の概念を取り入れることが不可欠である。

表4は、表3の「市場の修正」と「市場の形成」の区別に基づいて、それぞれの場合の公共投資の役割と評価の背景にある前提を説明したものだ。

④ 財務は成果に基づく仕組み

ミッション型、長期的な視点と忍耐強い資金の両方が必要だ。どんな取り組みでも [illegible] もお金がかかる。

第4章で述べたように、ケネディ大統領はアポロ計画に膨大な費用がかかることをはっきりと打ち出し、実際にそうなった。

もとケネディとNASAはこの計画に多額の予算をかけることを弁解し続けていたものの、結局は、ソ連を打ち負かすというプレッシャーと緊迫感のおかげで、資金を確保できた。世界大戦でも、ベトナム戦争でも、イラク戦争でも、戦時のミッションに必ず資金が使えるのは、勝たなければ生存できないという恐怖があるからだ。このためなら、お金はどこからか湧いて出るようだ。

戦争やアポロ計画のように予算を組む

このすべてを引き受ける、という考え方が社会問題に対して使えない理由はない。だがこれまでは、一定の予算内である分野にお金を使えば他の分野に使えないと考えられてきた。たとえば、新しいエネルギーインフラをつくろうと思えば、新しい病院はつくれない。

だがもしアポロ計画や戦争のように、到達すべき成果に基づいて予算が組まれるとしたらどうだろうか。まず「お金が出せるか」ではなく、「本当にやりたいことは何か」と問うとしたらどうなるだろうか。「そのミッションを果たすために必要なリソースをどう捻出するか」と考えてみたらどうだろうか？

グリーンスパンもそう考えた

この考え方は奇妙で極端に思えるかもしれないが、実はそうではない

2011年5月11日、ウィスコンシン州選出の共和党下院議員ポール・ライアンは、アメリカのお金制度に関する公聴会で、当時の米国連邦準備制度理事会（FRB）議長アラン・グリーンスパンに、明日を確保するためのお金の保証は大丈夫なのかと質問した。グリーンスパンの「政府が年金制度を維持するためにお金を刷り、誰かに支払うことを妨げるものは何もありません」というのが答えだ。

問題は、お金を創るために、それに見合った実物資産の創出を保証するシステムをどう構築するかということです。つまり、セキュリティの問題ではなく、実物資産の創出を保証するシステムの構築の問題です。

言い換えれば、重要なのは、国内企業が生み出すお金を有効に活用する生産能力が経済にあるかどうかということだ。

政府の「借金」をめぐる誤解

このように考えてみると、お金の価値を正しい方向に向け、望ましい方向に生産能力を拡大できる経済は組織されるべきものの機能であって、十分な資金があるかどうかではない。それなのに、いまだに信じているのは、政府が社会保障に無尽蔵にお金を増やし続けたら危なっかししまうのか、という議論だ。政府は収入以上の支出を続けることはできない。いつか現実的に借金の返済を迫られる。お金のない状態になってしまうのかと。

しかしこの論理は家計と政府部門をごっちゃにしている。

たしかに、個人は財産を売ったり、収入を増やしたり、支出を減らしたりしなければ、収入以上の支出をいつまでも続けることはできない。

だが政府は違う。その理由は簡単で、政府には主権通貨があり、お金を印刷できるからだ。政府が社会保障、防衛、高速道路などにお金を使うと決めたら、中央銀行（欧州中央銀行、イングランド銀行、FRBなど）は基本的にお金を使えるようにする。中央銀行は、政府の小切手を拒否しない。中央銀行は、際限なくポンドやドルを発行することができる。サッカーの試合でスコアキーパーがゴールネットに入った得点をすべて数えるのと同じことだ。人々がその国の通貨を持ちたがり、グリーンスパンが言うように、つくられたお金が生産的に投資されている限り、債務不履行におちいることなく、いくらでも借金を抱えることができる。

政府の赤字は国民の黒字——MMT

最近では、現代貨幣理論（MMT）と呼ばれる経済学派に属するステファニー・ケルトンなどの経済学者が、「お金を使う前にお金を捻出すべき」というのは本末転倒だと政府にわからせようとしている。現実には、支出がお金を生み出すのだ[24]。

この考え方は、貨幣は商売を動かす潤滑油以上の存在だとしたハイマン・ミンスキーの研究をもとにしている。主権通貨を独占的に発行する政府にこの理論を適用すると、次のようになる。

この理論における経済の出発点は政府の支出と投資だ。そもそも政府がお金を使ったり貸したりしなければ、国民は政府が発行したお金を手にすることができない。そして政府はお金を使うより多くの支出を税金で回収しようとする。政府が10ポンドを支出し、8ポンドを課税したとしたら、2ポンドの赤字になるが、その2ポンドは、個人や企業の手に渡っている。彼らは2ポンドを貯蓄している。

政府の赤字の反対側には、民間の黒字がある。言い換えれば、政府と民間のバランスシートは合わせ鏡になる（輸出と輸入を含めると少し複雑になるが、この議論では割愛する）。政府の赤字は民間のバランスシート上にお金を注入することであり、政府の黒字は、民間のバランスシートからお金を吸い上げることだ。財政黒字が続くと借金は再発行されず、民間企業はバランスシートを圧迫され、金融資産が少なくなる。つまり、財政黒字は民間のバランスシートを圧迫する。

予算編成の実際にはどのように行われるかを考えてみるといい。政府機関はまず、自分たちが何を望んでいるのか、つまり、資金を得る価値のあるミッションは何かを決めなければならない。そのミッションを実行するための国家予算の確保を求めるときは、国会で議会を説得しなければならない。国会で議会が納得すれば、関連機関が予算を計上し、仕事にとりかかれる。ある部門の予算が削減されたり除かれたりしても、他の部門の予算が増えるとは限らない。たとえば、1960年代にNASAの予算を削減したとしても、国際開発庁や保健福祉省の予算が自動的に増えるわけではないだろう。

政府が支出したお金が民間の預金となるのか。実は、その大半は国債に再投資されている。国債は安全で、利子が支払われている。また流動性も高い。実際、国債は金融システムの要となり、多くの年金ファンドの核になっている。政府の債務について文句をつける年金受給者も、おそらく収入の一部は国債から出ている。多くの政治家や国民を悩ませている国の借金は、政府が支出し課税されずに戻ってきたお金の蓄積であり、現在は民間の資産となっている。[25] 政府の赤字は民間の黒字なのだ。

コロナ救済用の2兆ドルはどこから来たのか

2020年、コロナをめぐる出来事は、このマネー創造論を予想外の方向へと導いた。

その年の3月、アメリカ議会は、コロナウイルスの大流行が1930年代の世界大恐慌に匹敵する不況を引き起こすと予想し、2兆ドルの救済策を決定した。また6月にはイングランド銀行のアンドリュー・ベイリー総裁はイギリス政府が債務超過におちいる恐れがあったため、4月に2000億ポンド相当のイギリス国債を購入したことを明らかにした。

アメリカの救済策がこれまでと違っていたのは、その金額の大きさだけではない。相殺項目がなかったのだ。議会が歳出対策に合意すると、通常、FRBにふたつの指示を出す。ひとつは、コンピュータを使ってアメリカ財務省の債権にお金を追加し、財務省が合意されたお金を分配すること。もうひとつは、税金の形で合意金額を差し引くことである。しかし、今回の2兆ドルの救済策では、ドルを追加することだけが指示されていた。まさに何もないところからお金が生まれたのである。

誰が救済措置の恩恵を受けるのかについてはさまざまな意見がわかれ、労働者や市民は救われず企業救済措置に大半が使われたという意見もあるが、この大規模な救済措置からは平時における民主的な選択について根本的な疑問が浮かび上がる。2000年代には約50万人のアメリカ人がホームレスになったと推計される。なぜ議会は彼らを助けるための予算を確保しなかったのか？　あるいは、なぜ何百万人もの飢えた子どもたちに食事を与えるための予算や、ミシガン州フリントをはじめ、長年にわたって汚染された水道水に悩まされてきた住民に、きれいな飲み水を提供するための予算を確保できないのか。さらに言えば、伝染病が流行しても、なぜ議会は、すべての人が受けられる医療制度を確保してこなかったのか？

もちろん、これらの問いには政治的な答えがあり、その答えはロビー団体の力である場合が多い。そうした選択は財政に基づくものではない。連邦政府は通貨をつくり出すことができるし、実際そうしているからだ。

では、喫緊の課題に対応するべく、政府を説得するにはどうしたらいいのだろう？　財政赤字に上限を設けるべきか、という問題にとらわれた問いをさせないためにはどうしたらいいか。

パイを拡大する

もちろん、お金は際限なくつくり出してよいものではないし、そうすべきだ。われわれはむしろいつも限界があることを念頭に置くべきだ。としての上限は、インフレを起こさずにどれだけ生産的かという点にある。グリーン・ニューディールを説明したように、重要なのはその支出がどれだけ生産的かということである。

さまざまな社会保障制度を見直すと、退職者一人当たりの労働者数が1950年の16対1から現在では約2対1に減少しているため、それがネズミ講のようにも思えてしまう。しかし、このふたりの労働者が、1950年の祖父母時代の6人の労働者よりもはるかに生産性が高ければ、年金の支払いには困らない。同様に、政府の通貨創造による追加支出が経済の実質資源（労働者、工場、機械、原材料、技術ノウハウなどの供給）を邪魔しない限り、過剰投入にはならない。[28]もちろん、資源の供給は固定的でなく、拡大することもある。物理的な資本（機械、工場）への投資や、基礎となる組織的・技術的なイノベーションにより、生産能力を拡大することができるのだ。

経済に成長の余地があり、（人的・物的）能力をフル活用していない限りは、投資や支出が不景気を引き起こすことはない。つまり、固定的な経済に資金を投入するだけの投資ではなく、戦略的な投資（忍耐強く、長期的で、ミッションに基づく投資）によって経済を拡大すれば、長期的なインフレを引き起こすことはほとんどないわけだ。既存のパイの中で分配を増やすのではなく、パイを拡大すればいい。

高い失業率を伴った1970年代のインフレ（スタグフレーション）は、能力不足が原因ではなかった。原因は、石油ショック、金融引き締め、賃金スライドといった供給サイドの現象だった。これがアメリカだけでなく、先進国の多くで起きていた。

1921年から1923年にかけてワイマール共和国が経験したインフレも供給サイドの問題だった。1922年にドイツが債務不履行におちいると、フランスとベルギーの軍隊が借金のカタにドイツの鉱業・製造業の中心地であるルール地方を占領した。その結果、ドイツ人は仕事を止めてしまい、生産が止まった。生産が頭打ちなのに、ドイツ人は労働者に現地通貨で給料を払し続けたため、生産品に対して通貨量が急激に膨らんでいった。これがインフレを引き起こした。しかし、これは当面の状況ではない。当面は、政府が非政府部門の雇用と生産水準を高く維持するために資金を提供する。

負債を帳消しにするとどうなる？

負債を帳消しにするとハイパーインフレになるという主張もある。だが、これも間違っている。ウォーレン・モズラーのモデルを用いて、アメリカ政府が学生ローンを帳消しにした場合の経済効果を測ったところ、インフレ増加率は最大でも年0.3%程度にとどまることがわかった。ムーディーズがおこなった別の試算では、インフレ増加率はさらに小さく、わずか0.09%だった。

負債の帳消しは戦略的に行われ、長期的な経済成長（教育、研究、開発）と産業の連携、労働者の再訓練、患者のための金融など）に向けて全体の生産性が向上すれば、民間投資を呼び込むこともできる。また、生産能力が伴わなければ、インフレは起こさない。統合的な市民の健康（したがって社会の健康）が維持できれば、生産能力も上がる。

また、人を昇進させた長期的な公共投資は、乗数効果が高いと考えられる。つまり、投資額以上の収益が見込まれ、それは、ミッションセクター全体に波及効果を生むので、公共投資を戦略的に考えるべき理由の一つになる。

金融は経済に奉仕するもの

成果に基づく経済とは、経済が金融に奉仕するのではなく、金融が経済に奉仕するものだ。かつてイエズス会では、募金箱を開けるには鍵がふたつ必要だった。ひとつの鍵はレットーレ（先見の明のある人）が、もうひとつはプロクラトーレ（経理担当者）が持っていた。つまりビジョンがなければお金を出せないということだ。

柱5　分配：リスクとリターンの共有

格差の解消について話すときに、それがイノベーションや富の創出と結びつくことはほとんどない。格差は社会的包摂や福祉国家改革の問題とされ、富の創出は生産性や起業家精神に基づくイノベーション政策の問題だとされている。

しかし、価値共創に向けた市場形成の視点からは、このふたつを結びつける必要がある。みんなで創り出した富を、みんなに分配するにはどうしたらいいだろう？　どちらも平等に、誰もが試合に参加できるようにするにはどうしたらいい？

事前分配

これがまさしく「事前分配」である。所得が生まれた後に税や給付金を通じて再分配するという旧道を踏襲していこうとするやり方に対し、事前分配は、そもそもの格差を予防しようというやり方だ。格差解消を目指すのは同じだが、事前分配は、格差拡大を正すことに重点を置いているため、あとの再分配は少なくて済む。つまり、社会の労力によってみんなで価値を創造したのなら、すべての人が、そのリスクやコストと努力や創造性に応じて公正な分配を受けるべきだということだ。

付加価値が生まれたら、携わった人を明確にすると、価値をどう分配するかという問題は当然起こる。事前分配の手法なら、結果の公平性が担保されやすい循環が生まれる。自ら価値創造のリスクとリターンを共有する仕組みを組み込むものなどだ。

イノベーションには莫大な投資が必要で、失敗のリスクもある。だから政府ができるだけそれを人々と投資の利益を共有しようとするのは理にかなっている。イノベーションはそれぞれ確かで、投資のリターンは保証されないのだ。リターンの分配を政府が決めることは、市場を創造し形成する役割を担う者の正当な権利である。公共部門がテクノロジーと市場のリスクを負うなら、その成果を長期的な報酬として社会に分配し、納税者が分配を受けるのは当然のことだ。

公的ファンド——政府がテスラ株を保持していたら？

そのやり方はさまざまだ。ひとつは、政府が公的ファンドをつくり、資金を提供した活動が上げた収益から得られるリターンを市民に配当として分配するというものだ。そうすれば価値創造に参加した人たちにその分を分配できる。このような公共の富は、多くの資源から生み出されるものもあれば、インターネットやＧＰＳのような画期的な技術をもたらした大規模な集団的努力から生まれるものもある。これなら、政府がリスクを負担して、民間企業だけがリターンを独り占めすることはない。これまでは、危機が起きると企業は救済され、危機が収まると企業が利益を独り占めしていた。イノベーションへの資金提供でも、これまでは同じことが起きていた。

公共投資で利益を得た企業の株式を政府が保有すれば、それが公的ファンドの財源になる。第３章で取り上げたテスラは、４億６５００万ドルの政府保証融資を受けたが、不思議なことにエネルギー省は、融資が返済されない場合に限り、３００万株の株式を政府が保有するように交渉していた。その後、テスラの株価は10倍近くに跳ね上がった。２００９年にアメリカ政府がテスラ株を保持していれば、融資が返済された２０１３年までにソリンドラの損失を帳消しにして次の投資資金に十分な利益を得られたはずだった。だが、それを可能にするには、政府を最後の貸し手から最初の投資家に変え、生まれた価値を納税者に分配できるようにしなければならない。

川上の基礎研究への投資については、これはあまり関係ない。基礎研究の成果は知識の波及効果として社会に還元されることが多いためだ。だが、川下企業への直接投資のリターンは、救済案件も高め、リスクを負った国民全体に分配されるべきである。

政府も株を持つべき

政府が国内企業の株式を保有するとなると、資本主義に逆行すると思われる。しかし、政府はすでに民間企業に投資しているわけで、その投資からリターンを得てもいいはずだ。[illegible]議決権は必要ないだろう。政府が普通株の保有比率を目指す必要はないが、優先株を保有し、配当を定期的に受け取ったり、買収などの特定の状況において拒否権のある黄金株を持ったりしてもいい。その収益を、将来の技術革新のために使えばいい。コロナ危機で各国政府が巨額の救済措置を講じた際には、イノベーション・システム全体で考え、政府が株式を保有して負債を補うべきであった[illegible]。

公的投資から生まれるリターンを戦略的に社会に分配するには、民間企業への公的資金の補助に条件をつけ、イノベーションを持続可能な成長に向かわせるように方向づけるといい。中国はそれを取り入れている。政府が企業に提供する融資保証や救済措置に、足かせをつけるのだ。[illegible]融資を受け取った企業には、炭素削減に向けた目標や研修や研究開発に投資させたり、自社株買いを[illegible]分野に何年間投資することを求めてもいい。また、アメリカのエリザベス・ウォーレン上院議員が、コロナ危機の救済措置で主張したように、自社株買いの総量を制限してもいい。

イギリスでは、タックスヘイブンを利用している企業は政府のコロナ復興支援を受けられないことになっていた。その代わりに、公的投資を受ける医薬品（実際にはほとんどの医薬品）を手ごろな価格に抑えることを条件にすることもできる[36]。

価値創造と価値分配を結びつける——ケインズの「投資の社会化」論

リターンの分配に関するこうした問いは、価値創造と価値分配を結びつけるものだ。「誰が何をどんな理由で手に入れるのか」という問いへの答えで、価値創造のシステムの設計が決まる。フィジオクラットと呼ばれた18世紀の経済学者は、社会の一部の階級（商人や地主）がシステムから価値を吸い上げすぎ、価値創造の真の源泉である農業が損なわれることを懸念した[37]。そこで、創造した以上の価値を引き出す商人や地主を「不毛な階級」と呼んでいた。

ケインズもまた、価値の創造と分配を結びつけることが重要だと考えていた。この「投資の社会化」という概念を、1936年に発表した大著『雇用、利子および貨幣の一般理論』（岩波文庫ほか）の結論の章でも簡単に紹介している。その中で、資本主義を自滅から救うには、3つの大仕事を成さなくてはならないと書いている。それが、「流動性からの決別」、「搾取の廃止」、「投資の社会化」だ。この3つの概念を結ぶのは、消費者による支出、企業や政府による投資といった「実行需要」を守る役割である。価値が吸い上げられれば、成長の源は損なわれるとケインズは主張した。

3つ目の「投資の社会化」は、投資と需要の総量だけでなく、投資の形態が大切だとする、重要な概念だ。ケインズが株式会社や共同組合に興味を持ったのは、そうした組織形態がリスクとリターンを優先していたが、これらの組織では、長期的な成長のために利益を自らに再投資し、リターンを所有者全員に分配していた。

パートナーシップ、パーパスとステークホルダー価値

公平な関係を構築し、長期的な投資のリターンを自社に還すにはどうしたらいいかという問いには、この考え方は、より互恵的で共生的な価値創造的生態系を構築する助けになる。「官民パートナーシップ」という言葉はよく使われるが、すべての人に利益をもたらす官民パートナーシップを構築するにはどうすべきかはもっと考えられたほうがいい。第1章で述べたように、アポロ計画には官民両方の膨大な努力が必要だった。NASAは民間企業との契約を公正で画期的なビジネスアイデアが組み込まれたものにし、特定の企業に搾取されないようにするにはどうしたらいいかなど、深くじっくりと考えた。

ステークホルダー価値とは何か

近ごろ、「ステークホルダー価値」という考え方が復活している。これは株主価値だけに目を向けた短期主義に対抗する概念だ。短期思考によって企業は利益の最大化に集中し、その利益を配当や自社株買いなどを通じて株主に分配し株価を上げてきた。ステークホルダー志向はその反対で、株主だけでなく、労働者、地域社会、環境など、すべての

ステークホルダーに報いることが求められる。ここでは、価値は共創されるものでリターンも公平に分配されなければならないとされ、何より企業は短期ではなく長期に目を向けるべきだとされる。長期思考とはすなわち、富を創造するすべての人について考え、その人たちへの資金提供についての判断に関わるさまざまな声に耳を傾けるということだ。

ステークホルダー主義の下、企業は、株主を含むより広いステークホルダーの集団によって、直接間接に支配されている。たとえば、北欧では労働組合が企業の取締役会に代表者を送りこみ、将来どんな投資を行うべきか、報酬をどうすべきかについて意見を述べることができる。

ステークホルダー価値とは、異なる経済主体の関わり合いにバランスを与え、公共利益に資するような価値創造を目指す概念だ。創出された価値は、コミュニティを含むより広範な参加者に再投資される。

ミッション志向のステークホルダー・ガバナンスの考え方に欠かせないのは、「関係」（たとえば、公的参加者と私的な参加者の関係）を重視することだ。この意味で、技術開発への資金提供や補助金と引き換えに、タックスヘイブンを利用しない、労働者の訓練に投資する、二酸化炭素排出量の削減を約束することが、当たり前になる。このような条件は、たとえば救済措置を受けるためといった悪いことだけでなく、良いことにも使われる。すぐれた医療システムの構築や再生可能エネルギーの開発のために、条件つきの契約を結んでもいい。

だがステークホルダー価値は、根本的にこれまでとはまったく違う価値の生み出し方として捉えなければならない。

ワクチンのパテント・プールで共同管理する

その好例は、第5章で取り上げたワクチンの研究開発だ。公的部門の役割は、市場形成者としてワクチンの開発を管理運営することだ。つまり、イノベーションを導き、適正な価格をつけ、特許と競争を制し、供給を確保する役割を担わなければならない。パテントプール（特許権者が特許を相互にライセンスする仕組み）によって、研究機関、学術機関、企業、また海外の主要プレーヤーとが知的財産を共有したうえで協力・活用できるようにし、テクノロジーによる解決策を共創して拡大し、すべての人が手ごろな価格でワクチンを受けられるよう保証しなければならない。世界保健機関（WHO）はパテントプールを「集合知」をはぐくむものとして推奨している。

公衆衛生の転換点にある今、これは人々の共通の願いをかなえるための連帯の仕組みになりうるものだ。また、この仕組みがあれば特許を独占ではなく価値を生み出す手段として活用できる。

49億ドルの補助金を受けたイーロン・マスクから学ぶべきこと

もうひとつの興味深い例は、昨今の宇宙開発である。これまで、リスクの大きい資本集約的投資を担ってきたのは、NASAや欧州宇宙機関のような国家機関だった。今は、スペースXのイーロン・マスクやヴァージン・ギャラクティックのリチャード・ブランソンなど、数多くの民間企業が宇宙に進出している。こうした民間企業は、リスクが一番高い段階で宇宙開発に投資した国家の負担の上に乗っかっている。だとしたら、ここから得られるリターンをどう分配するのが正しいのか？

イーロン・マスクは、スペースXを含む3社合わせて49億ドルの公的補助金を受け取ったと報じられている。だがマスクの起業家としてのサクセスストーリーの中に補助金の話は一切出てこない。納税者の負担をもとに稼いだ金銭報酬は人々と共有されていない。政府とそんな契約が結ばれていないからだ。

民間企業の宇宙進出が進む中、公共の目的がきちんとかなうように公的部門が民間を支援することは欠かせない。このところ、宇宙にゴミが多すぎるという不満を宇宙飛行士は漏らしている。たとえば、イーロン・マスクのスペースXは、ものすごい数の衛星を打ち上げている。宇宙でのインターネットを構築するために、最終的には1万2000個の衛星を打ち上げる計画だ。キューブサットと呼ばれるこれらの衛星は、非常に小さくきわめて安上がりにつくれる。おかげで民間企業の宇宙進出が楽になった。だが一方でそのために宇宙が散らかり、地球から夜空を見にくくなったばかりか、衝突の危険も高まっている。そう考えると、官民は本当の意味で力を合わせなければならない。単なる数合わせではいけないのだ。

デジタルプラットフォーム

もうひとつの重要な分野は、デジタルプラットフォームである。ひと握りの人たちの利益より大多数の市民のために価値を生み出すようなデジタルプラットフォームをどうつくって管理していくつかは目の前の大きな課題だ。

巨大テクノロジー企業は、インターネットやAIのテクノロジーを使って記録的な収益を上げている。FAANG（フェイスブック、アップル、アマゾン、ネットフリックス、グーグル）とも呼ばれるこれらの「テクノロジー巨人たち」は、先行者として人々が集まれば集まるほど大きくなるネットワーク効果の恩恵にあずかっている。ここに莫大な広告収入が加わって規模拡大がますます利益を呼ぶようなプラットフォーム経済ができあがり、アマゾンやグーグルなどの企業が莫大な市場支配力を持つようになった。

問題は、こうした巨大テクノロジー企業が「アルゴリズム」を使って人々が見たいものや欲しがるものを理解するようになったことだ。これが現代資本主義の「アルゴリズミック・シフト」と呼ばれるもので、「デジタル封建主義」と言ってもいい。社会心理学者のショシャナ・ズボフが言うように、私たちはグーグルをタダで使ってラッキーだと思っているが、本当はむしろグーグルが私たちを売り物にして大もうけしている[44]。

こうした巨大企業が、個人情報を販売したり、検索を操って広告収入を増やしたりするのは大問題で、租税回避（大企業がよく使う手は、課税額を最小限に抑えるために利益を移すこと）の問題と合わせて競争当局が取り締まるべき課題だ。

巨大テクノロジー企業の利益の源泉となる「テクノロジー」の多くは公的な研究から生まれたものだ。だからこそなおさら、公的投資によって生まれたテクノロジーは公共の利益に貢献すべきなのだ。そのためには、市場形成の規制が必要で、政府は価値の抽出に報いるのではなく価値創造に報いる方法を模索しなければならない。

データコモンズ

公共の利益を守ることについては、「コモンズ」という切り口で考えるとわかりやすい。データコモンズもそのひとつだ。

これまでのコモンズについての研究は、経済学者のエリノア・オストロムに代表されるように、公共財が私的利益によって毀損されないよう、再生産しながらみんなで共有するにはどうしたらいいかに焦点があわせられていた。オストロムは、公共の領域（たとえば、海洋漁業）が乱用され、魚を獲りすぎて資源が枯渇する、破壊される現象に目を向け、将来の世代のために共有資源を守るにはどう管理したらいいかを理論として提示した。資源の利用と維持について一定のルールを守っていれば、政府の命令や統制は必要なく、民営化も必要ないと示したのだ。

オストロムの説く、集団行動のルールとは、共有資源にはっきりした境界線を引くこと、使用を監視すること、難しくない紛争解決の手段を持つこと、みんなで意思決定できる枠組みを決めることである。

いまデータコモンズをどう管理するかを考える上で、こうしたルールは役に立つ。クリックのたびにデータが生まれるのだから、このようなルールがあって当たり前だろう。集団的に生み出されたデータは、人々が教育や医療や公共交通といったサービスを受ける権利の核になる。すべての人が恩恵を受けられるようにデータを管理することが、誰も取り残さない成長を実現できるかどうかを左右する。バルセロナ市長のアダ・コラウは行政管理部門にハッカーを雇って「シアイデータ・コモンズ」を活用し、公共交通と市営住宅の設計に向けたデータ活用のあり方を探っている。

循環経済

経済の循環性を重視しながら、つまり、限りある地球環境と生物物理的資源の中で循環的に機能する力を大切にしながら、循環的経済の考え方を促進する。オックスフォード大学の環境変化研究所のケイト・ラワースが言うように、循環経済なら廃棄物は減り、経済は公的組織と個人のあいだに新たな制度や協力が生まれ、限りある地球環境の中で生活を維持できる。そのためには、人々の暮らしを支える必需品、たとえば食料や住まい、世界的な教育、良質な医療、地域において声を上げる権利に投資すべきだとラワースは言う。また安定した気候、肥沃な土壌、オゾン層といった地球の生命維持システムにこれ以上圧力をかけないよう、みんなで努力しなければならないとも訴える。

このような循環型の生産と消費は、経済成長から資源の利用と消費を切り離し、資源への依存をなくすことになる。[illegible]生まれの経済学者、[illegible]スが描くように、これが地域のリーダーや生産手法への投資につながり、経済と産業の再生をうながす。[46] 将来には何よりも、安定した生活と地域の健康を支える制度投資が必要になる

柱7　参加：オープンシステムを通して未来をみんなで設計する

アポロ計画は人々の心を動かし、NASA、大学、民間企業など10万人以上の人々が参加し、大勢の人の努力の上に成功したミッションだ。ただしそのやり方は典型的なトップダウンの手法だった。だが今世紀のミッションには、第5章に書いた通り、多くの人たちがそもそものビジョンづくりに関わっていなければならない。「環境に優しい都市」とはどのようなものかを誰が決めるのだろうか。

市民参加こそが大量生産資本主義と全体主義から逃れる道

哲学者のハンナ・アーレントは、先ほど話した共通善と公共価値の概念を発展させ、「活動的生」という積極的な参加型の概念へと昇華させた。すなわち、市民は公共問題に関わるべきで、それが全体主義と大量生産資本主義による孤立から逃れる唯一の方法だとアーレントは説いた。アーレントの唱える「活動的市民」の根底にあるのが共通善の考え方だ。また「活動的生」には、本物の議論が許される社会、つまり価値観の対立が許される開かれた社会が必要だとする。アーレントにとって、これはいいことなのだ（古代ギリシャの政治哲学者にとってもそうだった）。

市民参加とは、静かで調和の取れたプロセスではない。現在の経済理論はそれとは反対に、市民参加を前提にしていない。「参加型」の制度を考えるのは政府の役目だとされている。

地域の市民参加とそれを支える制度を提唱したのは19世紀フランスの政治思想家、アレクシス・ド・トクヴィルだった。彼は『アメリカのデモクラシー』（岩波文庫ほか）の中で、アメリカにおける最大の特徴は市民参加であるとし、これがアメリカの政治制度最大の魅力だと唱えた。

民主主義国に住む人から意見を聞くのはひどく難しい。ただし彼ら自身についてなら話してもらえる。彼らはいつも、自分がやっていることに熱中していて、他人から何を言われようとあまり気にしない。民主主義国家で暇な人間はほとんどいないのだ。喧騒と興奮の中で生活が過ぎていき、みんな必死に行動していて考える時間はほとんどない。何といっても彼らはただ言われた仕事をするのではなく、自分の仕事に情熱を傾けている。彼らは絶えず行動し、その一つひとつに力を入れている。彼らは商売に個人的な熱意を注ぐため、他者に注ぐ力は残されていないのだ。

しかし、ド・トクヴィルが描くアメリカの姿は今、危機的状況にある。政治学者のロバート・パットナムが言うように、「投票率の低下は、多くの人がコミュニティから離れていっていることの表れにすぎない」。病気になると熱が出るのと同じで、投票率からの低下は、社会問題が深刻化していることの兆候と捉えるべきである。アメリカ人が逃げ出しているのは、投票所からだけではない。とはいえ、今は市民活動が社会に大きな影響を与えるようになり、社会を進歩的な方向に向けている。気候変動に関するフライデーズ・フォー・フューチャーや、人種間の新たな社会契約を提唱するブラック・ライブズ・マターもそのひとつだ。しかし、さらに多くの人を巻き込んで、あらゆる形の格差とその解消に向けた投資や新たな制度に関心が寄せられるようになった。

エリートへの反発

政治学者のロナルド・イングルハートは、「人々が無関心になっているとよく言われるが、それは間違っている。多くの人が近代化時代の古臭いエリート主導の政治組織を見捨てているだけで、エリートに対抗するさまざまな形の政治活動には積極的に参加している」という。[50] 政治的消費行動、抗議活動、オキュパイ、政治参加など、いずれも1960年代前半の政治活動が華々しかった時代にもまして活発になっている。そう考えると、アメリカで民主主義への市民参加が衰えているということはなく、むしろ復活していると見たほうがいい。

市民参加に欠かせないのが、もう一度みんなで未来を想像してみることだ。そうするには、多様な意見を持ち寄って、ミッションをデザインするところからはじめなければならない。たとえば今、労働組合は、公正な移行という理念のもとで低炭素社会への移行に取り組んでいる。

だが、一番難しいのは社会階層の垣根を越えてミッションをデザインすることだ。多くの人が創造のプロセスから疎外され、それなのに後始末の負担を背負わされていることが、「エリート」への反発として表れている。

本物の市民参加とは

最後に、社会が変化を受け入れ市民の声をもとに変わっていかなければ、真の市民参加ではない。そうでなければ、市民参加がフィードバックもないまま口先だけになってしまう。制度の設計と実践の両方に、市民参加が認められなければならない。オープンな制度は、反対意見に柔軟に対応できる。イノベーションを政治家や官僚だけに任せておくのではなく、システム設計に市民を組み入れ、本物の市民参加を通してぜひとも学ばなければならない。たとえば、EUは、規制素案の法を市民に押しつけることはできない。カーザン・ニートトノルたちが実現するかを考えるのは市民であり、その参加者であり組織自身なのだ。

複雑系

制度改革を理解するには、部分と全体の関係を理解しなければならない。複雑系科学では、エージェント（主体のこと）が制度内でどう関わり合うかでマクロ構造（局面の環境）が決まり、それがミクロ（個人）の関わりに影響を与えるとされる。[63] ジョセフ・シュンペーターの研究から発展した進化経済学の考え方と同じで、複雑性理論もまた、システムに参加する人々の違い、そのうちの誰だけが市場における競争的選択の過程に目を向けている。また、初期条件（歴史的状況）によってフィードバックループが決まり、それがステムを固定化し行き詰まらせる点にも注目している。これは、主流の経済学とは異なる切り口だ。従来の経済学は、違いではなく平均に目を向け、非平衡ではなく平衡と理想的な結果を重視する。

このところ資産価格バブル、市場暴落[53]、ネットワーク効果によるシステムの固定化といった極端な現象の理解に複雑性理論が役立ってきたように、官民がともに力を合わせて変化を生み出せるかを考える時にも、複雑性理論は役立つはずだ。

ミッションとは、不確実性を受け入れながら、長期計画を実行し、部門を超えて力を合わせるものである。政府が変化に適応できないのは、リスクを取れず、不確実性を許容できないことも原因だが、とくに縄張り意識が邪魔をしてフィードバックループが閉ざされることも大きな要因だ。

オープンシステムは、不確実で曖昧なものだ。しかもシステムが参加型であればあるほど、オープン度合いも高まる。だからこそ、一層複雑さに対応しなければならなくなる。

ROAR

市場形成プロセスの管理に必要なダイナミックな能力を、4つの領域に分けると次のようになる。いずれもミッション志向の組織の指針となる領域で、私は頭文字をとってROARと呼んでいる。

ルートと方向性（Routes and directions）

変化の方向性を定め、経済のさまざまな分野でイノベーションを推し進める。

組織（Organizations）

試行錯誤を歓迎し、行動から学べる実験型の組織からなる分散型のネットワークを構築し、官や第三セクターと新たな協力関係をつくる。

評価（Assessment）

市場形成のための投資インパクトを動的に評価し、固定的な費用対効果分析を超えて幅広い波及効果を評価に取り入れる。

リスクと報酬（Risks and rewards）

官と民がとらし合いをするより共生的な取引を行い、リスクとリターンを共有する。

第7章

新しい資本主義へ

「船を造りたいのなら、男たちに木材を集めさせたり、仕事を割り振り命令する必要はない。代わりに、果てしなく広大な海への憧れを説けばいい」

——アントワーヌ・ド・サン＝テグジュペリ

人類共通のパーパス

1969年に宇宙から帰還したニール・アームストロング、バズ・オルドリン、マイケル・コリンズの3人は、月に降り立ったときの感想を聞かれた。アームストロングは、少し間を置いてから、遠くから地球を見て謙虚な気持ちになったと答え、地球は暗闇の中のオアシスのようだったと言っている。そして、このミッションを担い、守らなければならないという命にかられたと語った。当時は、気候危機よりも、その頃ベトナムなどで起きていた戦争が彼の念頭にあった。オルドリンは「世界中の人たちが、私たちはやり遂げた！」とプラカードを掲げ、月面着陸を人類の偉業として讃えてくれたことに何よりも感動したと語っている。こうした人類共有の想いと目的を育てるためにも、困難でも自由に前進し続けたほうがいいと、オルドリンは言っていた。

私がこの本を書き終えようとしていた矢先、人類の歴史における決定的な瞬間でもある、世界中の人が、近現代の世界の感染症の流行に苦しんでいる。人種差別への抗議が世界のあちこちで巻き起こり、気候変動はますます深刻になっている。私たちは待ったなしの状況にあり、これまでとは違うやり方と組織の目的が求められているのは明らかだ。このままでは多くの人が取り残され、地球は終わり、未来の世代をも傷つけてしまう。

どうしたらアームストロングとオルドリンの偉業に近づけられるのだろう？この星に住む人たちを守り、共通の目的をはっきりさせるにはどうすればいいのだろう？

新しい資本主義をつくるために政府をつくり直す

本書は、私がこれまでやってきた「ミッション」という考え方を、今の世界が直面する課題解決に応用したものだ。この中で、壮大な課題に取り組もうと思ったら、まず、政府のあり方を考え直すことが、インクルーシブで持続可能でイノベーション主導の資本主義を再構築する必須の条件だと唱えた。

つまり何よりもはじめに、21世紀に向けて政府をつくり直すことが必要だ。ミッション志向の取り組みを進めるためのツールと組織と文化を、政府に備えさせなければならない。

また、企業統治の中核に「パーパス」を据え、経済の中に幅広いステークホルダーの立場を取り入れることも必要になる。

さらに、公共部門と民間部門の関係、民間部門と市民社会の関係を変え、共通の目標に向かって力を合わせなければならない。

私が政府のあり方を考え直そうと強く求める理由は単純だ。大規模な社会変革をもたらす力を持っているのは政府だけだからである。

経済主体と市民社会の関係が最も深刻な問題である。私たちが解決しなければならないのは、この問題だ。

資本主義市場は、そこに参加する主体がどのように組織され統治されているか、異なる参加者がどのように関係しているかによって生まれる結果であることをまず認識しよう。これは、民間部門と公的部門、そして非営利団体などの他の部門にも当てはまる。

市場における行動はいずれも、避けられないものではない。

たとえば今日、多くの企業が目先のことに気を取られて長い目で物事を見られなくなっている。これは市場圧力によるもので、市場がそのように形成されているから起きることだ。

また、政府がデジタル・プラットフォームや気候変動などの課題になかなか対応できないのも、必然ではない。

いずれもこの組織が選んだ行動、成り行き、構造、そして法律と制度の産物なのだ。より重要なことに、すべては、組織内および組織間の関係にかかっている。ら、政府と市場は危機に瀕してはいなかった。ただし、私たちはこの状況を改善できる。歴史を振り返れば、官民が協力して並外れたことを成し遂げられることはわかっている。50年前、官民が共通の目的のために協力し、イノベーションを起こし、昼夜を問わず協力したことで月へのミッションが成功した事例を詳しく描いた。もし今、インクルーシブで持続可能な資本主義や、全員のパートナーとして掲げられるとしたらどうなるか想像してほしい。環境に配慮した生産と消費、格差の縮小、やりがいの向上、手頃な医療と健康的な高齢化、持続可能なサービス、すべての人のデジタルアクセスを共通の目的にできたらどうだろう？

小さな段階的な変化だけでは、こうした成果は生まれない。私たちは勇気と信念を持って高い目標を目指さなければならない。つまり、月に人を送るよりはるかに高みを目指し、大胆な目標を探求しなくてはならない。

これを成し遂げるには、政府は生産力に投資する必要がある。つまり、大胆に考え、未来の市場を新たに組み合わせ、分野を超えた新しい形のコラボレーションを実現し、困難な課題に取り組むために新たな仕組みをつくらなければならない。これは、勝ち組を選ぶことではなく、目標を与え施しや補助金や保証を提供することでもなく、意志のある者を選ぶことだ。そして、イノベーションは、市場を修正するだけでなく市場をつくるものだ。それは、まだ見ぬ領域を開拓することだ。リスクを除去するのではなく、リスクを取ることだ。もしその挑戦に失敗してち、かまわない。価値創造の過程で試行錯誤から学ぶことは欠かせない。大胆なミッションには、競争環境を偏らせる勇気も必要だ。

もし政府が本当に公共の目的のために価値を創造する主体なら、その政策もまた公共の目的を反映し、強化するものでなければならない。今の環境保護政策のもとでは、昔ながらの無駄づかい社会を微調整するだけの場当たり的なもので、格差を拡大させている。社会のすべての人がうるおう健全な経済をつくろうと思ったら、社会にとって望ましい行動に報いるように、競争条件を偏らせなければならない。すると、税金から規制、ビジネス法から社会的安全網まで、さまざまな分野で、目的を持たせることが必要になる。

この本でも繰り返してきたが、社会的なミッションはテクノロジーのミッションとは違う。複雑でやっかいな課題に取り組む時は、ムーンショット思考がそれを支える政府のシステムと結びついていなければならない。

たとえば、感染症の検査や喫緊の医療課題にまつわる大胆なミッションなら、公衆衛生システムに取って代わったり、それを回避したりするのではなく、密接に連携しなければならない。また、環境に優しい成長を目指すなら、交通システムや都市計画局と連携し、行動変容をうながす必要がある。だから、タテ割りではなく、部門横断的なボトムアップのミッションを、既存システムと、とくにイノベーションのシステムなどの上に築く努力をしなければならない。

パーパス志向の企業

政府だけでは、ミッションを担えない。目標を達成するにはパーパス志向の企業と力を合わせる必要がある。この本で明らかにされたように、そのために政府には現代資本主義の最大の難問に取り組まなければならない。それは、企業の仕組みを変えて、民間企業が目先の金もうけのために利益を運用するのではなく、公的価値を創造させる形で再投資する方向へ導くということだ。イノベーションを通して、新しいビジネスをつくり出し、公共投資のリターンを上げることで、この価値を加速できるはずだ。そうすれば、ステークホルダー価値が実現できる。

これは医療、エネルギー、デジタルプラットフォームなどさまざまな分野で、より共生的なパートナーシップやコラボレーションをつくることにもなる。

こうした分野横断的コラボレーションをうまく管理して知的財産権、データ、ファイバー、医薬品の価格設定、感染症などに共通の目的を達成させる必要がある。

たとえば、医療分野では、パーパスはすべての人によりよい医療を提供するための医療イノベーションを意味するかもしれない。エネルギー分野では、化石燃料からの撤退と、[illegible]ームフレームワークが新しいガバナンスのもとで地球を守る環境イノベーションや生産システムを意味するかもしれない。また、デジタル分野では、市民みんなが21世紀のテクノロジーの力を利用できるようにしながら、データプライバシーを守り、プラットフォームを通して福祉国家を強化するという意味かもしれない。

これまでにない資本主義を実践するには、公共部門の潜在能力をもう一度見直し、公共の目的を決める必要がある。つまり、みんなで投資を行いイノベーションを起こしたら何が可能かを思い描き、社会が達成すべき明確な目標を民主的に決めなければならない。

また、新しい資本主義には、これまでとはまったく違う形の関係が経済主体のあいだに必要になる。複雑さを受け入れて、社会にとって大切な結果を出せる関係性を構築しなければならない。とすると、緊縮財政（公的支出の削減）派と低金利低需要なら何が何でも投資しろとする積極財政派の対立を超越した考え方が必要になる。ケインズの有名な言葉に、「絶望的な状況では、何もしないよりも穴を掘ってまた埋めるほうがよい」というものがある。J・K・ガルブレイスも同じようなことを言っていた。

たとえ国家が環境を実際に損なったとしても、何もしないより不完全な手を打つほうがいい。1920年代後半から1930年代前半にかけて、首都ワシントンの都市計画者と建築家はペンシルバニア大通りとコンスティテューション大通りのあいだに、「フェデラル・トライアングル」と呼ばれる広大なビル群を建設するための土地を確保した。このトライアングルは、ありきたりでけばけばしい建築だった。芸術家たちは当然それを非難した。しかし、これまでの不揃いであか抜けないビル群に比べれば、はるかにましだった。そこにはまとまりがあったので、首都のほかの通りと比べていずれ賞賛されるようになった。

ケインズが不況から抜け出すために公共投資にこだわったのは正しかった。そこでミッション志向の政策が新たにもたらしてくれるのは、経済状況にかかわらず何にどう投資するかを想像する力と勇気。ミッション志向型の方法なら、道路や住宅へのハコモノ投資ではなく、環境に優しいイノベーションによって解決できる問題を見据えた投資が行える。

また、ミッション志向の考え方は、不確実性や実験を受け入れることを求める。1930年代、ルーズベルトはこう言った。

「この国が必要としているのは、私がその気質を間違えていない限り、大胆で粘り強い実験です。ある方法を試してみて失敗したなら、失敗も率直に認め、別の方法を試すのは当たり前ではないですか。何よりも、試してみることが大切なのです」

試してみることは、ルーズベルトがやったように、リスクを取り、実験を歓迎し、イノベーションを探り想像力を働かせて公共投資を行うことだ。

新しい美観

町か都市を建築し直すには新しい美観が必要だ。1919年から1933年までドイツにあった美術学校のバウハウスから、個人の創造性と大量生産の合理性がひとつになった、これまでにないデザインが生まれた。

つながりあった今の社会に求められるデザインは、どんなものだろう? 地域内や地域間での格差が拡大する一方、新しいテクノロジーによって、これまで以上にグローバルな交流が可能になった今の社会に、どのようなデザインが必要だろうか？　この問いは、危機の後に「より良いものを建て直す」ために欠かせない。コロナ危機の今にはとくにこの言葉が当てはまる。

ルーズベルト大統領のニューディール政策は、レンガやセメントを使ったインフラ整備だけではなかった。ルーズベルトは事業促進局が運営する連邦美術計画（FAP）を通じて、食べていけなくなった芸術家を救済した。FAPは、単なる雇用促進策ではなく、公共空間を再設計し、再提示するプログラムだった。数多くの芸術家や建築家やデザイナーが公共建築、道路、その他の大規模プロジェクトに参加し、給料をもらっていた。壁画や彫刻などの古典美術から、ポスターや舞台装置などの実用美術、ギャラリーやアートセンターなどの教育サービスまでその範囲は多岐にわたった。

ガルブレイスもまた、公共デザインに美意識を持ち込む必要性を説いていた。

「社会が進歩すると、生産技術よりも美しさが重要視されるようになる」

脱炭素社会への移行とSDGsは、私たちがどうなりたいか、いい生活をどんな手段で手に入れるかを変えることになる。それが、かつては醜いと思われていたもの（緑の大地に回転する大きな風車）を美しいと思わせ、公共空間のデザインの中心に人の景観を据えてくれる。それは芸術家のオラファー・エリアソンが言うところの「安心して異論を言える公共空間と経験に焦点をあわせること」である。

この本に書いたアイデアは、多くの人から得た発想をもとにしている。だがその中でも、前章み出された新しい理論を提唱した多くの女性学者においては特筆しておくべきだろう。彼女たちは生活の中心に経済を置くのではなく、経済の中心に生活を置いていた。ハンナ・アーレントによる「活動的生」の研究、エリノア・オストロムが提唱したコモンズを通じたコミュニティの創出、ケイト・ラワースの経済圏を最小限に抑える循環型経済の構築、ステファニー・ケルトンの公的金融の力と雇用志向の公共作成、デイジー・ロースの価値創造型組織の動的能力に関する研究、カルロタ・ペレスの脱炭素社会への移行をうながす競争環境の設定。その意味で、本書は、未来の若い女性学者や活動家に捧げるものでもある

変化は、より良い生活が可能だと信じられた時にしか起こらない。２０２０年のコロナ危機の中、作家のアルンダティ・ロイはこう書いていた。

歴史を振り返ると、感染症の流行は人類に過去との決別を迫り、新たな世界を想像させてきた。今回も同じだ。感染症の流行は、ある世界と次の世界をつなぐポータルであり、入り口である。私たちは、偏見や憎しみ、貪欲さを引きずって歩き続けることもできる。だが、荷物を捨てて軽やかに歩き、別の世界を想像することもできる。そして、新しい世界のために闘うこともできる。」

この本が、その新しい世界を想像する力になり、闘いに臨む人たちの武器となることを願っている。

この数年にわたって、私は幸運にも政策立案者と働く機会をいただき、この本のもとになった多くの着想を得ることができた。彼ら彼女らにこの本を捧げたい。

「国家」を再考することで資本主義を問い直すという私の夢が実現したのは、約10年前のことだ。それは、世界中の政策リーダーたちを集めてお互いから学び合うことからはじまった。具体的には、市場の失敗を修正するというこれまでの役割から離れて、市場を創造し形づくるというリスクテイクの世界に移るにはどうすればいいかを理解することが目的だった。アメリカのDARPA、エネルギー高等研究計画局、国立衛生研究所、NASA、イギリスの欧州委員会、欧州宇宙機関、BBC、政府デジタルサービス、イノベートUK、イスラエルの最高科学責任者オフィス、スウェーデンのヴィノバ、フィンランドのシトラ、ドイツ復興金融公庫やブラジルのBNDESといった公的金融機関のリーダーがここに参加してくれた。彼ら彼女らと話をする中で感じたのは、新しい公共政策の枠組みがまさに求められているということだった。技術と社会の大きな課題を解決するには、大胆なポートフォリオアプローチを採用し、調達などのツールを設計し直し、成長の方向性を正せるようなこれまでにない経済理論が必要であることが明らかだった。リーダーたちとの関わりから、「現実の世界」の複雑さがより理解できるようになった。

この研究がきっかけで、私はユニバーシティ・カレッジ・ロンドンにイノベーション&パブリック・パーパス研究所(IIPP)を立ち上げることになった。研究所の目的は、これまでと違う「政面のありかたを、より体系的に探求できるプラットフォームをつくることだった。私たちはそこで、新しいカリキュラムをつくっている。前提としたのは、官僚は単なる市場修正者ではなく価値の共同創造者であり形成者であるという考え方だ。創造されるのはどういう価値なのか？ そして人々が価値に立って良いものか？ インクルーシブなプロセスをつくるにはどんな参加型の枠組みが必要なのか？ それと同時に、グリーンディールや新しい福祉国家の枠組みといった優先事項をどう取り上げればいいのか？ そんな問いを掘り下げている。私たちは世界中の政策立案者と協力し、成果や価値の多様性に必要なより画期的なプロジェクトに取り組んできた。スコットランドでは公的銀行の設立と電子商取引やイノベーションの政策を見直し、アメリカではスケール市の脱炭素政策を策定してきた。ため、ここで従来の狭い学問分野に閉じ込められていた人たちと、これまでと異なり国家統治のあり方を学ぶ機会となった。ユニバーシティ・カレッジ・ロンドンのリーダーたち、マイケル・アーサー、サビーン・ハイナー、アラン・ペンにも心から感謝する。彼らは採用してくれたばかりか、IIPPの立ち上げを任せてくれ、政策と実践を論文や研究と同等に重視し、学問と政治の意思疎通を重要な目標として掲げることを許してくれた。

また、長年にわたって私と一緒に働いてくれ、本書に取り入れた多くの知見を与えてくれた政策立案者たちにも感謝したい。中でもひときわ目立つのが、欧州委員会の研究・科学・イノベーション総局の元局長で、私を個人的なアドバイザーとして雇ってくれたカルロス・モエダスだ。彼のチームとともに、私たちはミッション志向の政策手法を欧州共同体の法律に盛り込むことができた（第5章を参照）。

スコットランド首相ニコラ・スタージョンは、ミッション志向の新しい公的銀行を設立中にあたり、私をチームに引き入れて仕事を任せてくれた。イギリス政府のビジネス・エネルギー・産業戦略省の国務大臣を務めるグレッグ・クラークは、私の長々とした話に付き合ってくれた。業種志向ではなく課題志向の産業戦略が必要だという私の主張を聞き入れ、ミッション志向の産業戦略に関する委員会の設立を依頼してくれた。ビジネス・イノベーション省国務大臣も務めたウィレット卿と私は、この委員会の共同委員長として働くことができた。

このところ一緒に仕事をしてきた政策立案者の皆さんにもお礼を述べたい。自国の大きな課題に対応し、新たな経済モデルに向けて情熱を注ぐ、南アフリカ大統領のシリル・ラマポーザ。人を巻き込む魅力と困難を恐れない勇気を持つ人物で、私を特別顧問に選んでくれたイタリア首相ジュゼッペ・コンテ。コンテ首相は新型コロナウイルス後のイタリアの復興計画を立てるにあたって、気候問題、医療、デジタル化にまつわる課題解決の枠組みとしてミッション志向のアプローチを取り入れてくれた。世界保健機関（WHO）の事務局長、テドロス・アダノム・ゲブレイエススは、万人の健康のための経済会議」を立ち上げ、私を議長に任命してくれた。そして、ロンドンのカムデン区を率いるジョージア・グールド。ジョージアは私と共にカムデン再生委員会という新しい冒険に踏み出してくれた。ミッション志向のアプローチを取り入れて、地域の経済計画に新しい「加盟」の仕組みと統治モデルを導入することがこの委員会の目的だ。委員のひとりであるジョージ・バハンカ、「もう一人のジョージ」として有名」は、機能不全の格差経済の改革にストーリーテリングの手法を取り込むという素晴らしいアイデアを教えてくれた。

バチカンでコロナ危機後のタスクフォースを率いたアウグスト・ザンピーニ師にも感謝する。ザンピーニ師はフランシスコ教皇とともに、公共の利益を目標にする新たな経済理論がいますぐに必要だ支えてくれた。

方で、政府高官と密に働いていたとしても、ともすれば自分の考えが偏った形で適用されてしまった
り、方法が間違ってしまうことがある。だが、行動から学ぶ限りは、大丈夫だ。政府が常備する組
織に見られる誤りを避けることが、この本の目的でもある。本書の草稿に目を通してくれ、ために有
益なコメントを返してくれた同僚たちに感謝する。長年の同僚であるカルロタ・ペレス（故人）にも具体的
に指摘を教えてくれたことをはじめ、皆さんにお礼を申し上げたい。アントニオ・アンドレ
オーニ、ガブリエラ・アンゲリア、ロージー・コリントン、ブライアン・コリンズ、ローワン・コン
ウェイ、ジーン・ディーフィーブ、シーシー・エンツェンベルガー、ソフィア・ファレル、デヴィッド・グレイア
ム、フィリップ・カスペリン、ダン・ヒル、ライナー・カテル、ケーティー・ワドワー、ヘンリー・リ
ー、ローリー・マクファーレン、マリオ・クアジャット、ジョシュ・ライアン＝コリンズ、アス
ミー・ホッホメート、ありがとうございました。また、NAUAのシア・ポリシー・アドバイザー
じん、シャー、欧州委員会のロバート・シャローダーに細かくコメントをいただいた
ことに、心から感謝する。

前著と同様に、ジャーナリストであり編集者でもあるフィリップ・フロストは私の頭の中の考えを形
にしやすい形に書き換える助けになってくれた。ロード・バターレーの居酒屋で、またともに
長年にわたり付き合いながら、世界中の政府が直面している課題に、今まさに求められる取り組みに
ついての立場を決めることができた。彼の魅力、温かさ、そして友情は、その丁寧な編集技術と同じく
らい私にとって大切なものだった。

出版社の編集担当は、レイチェル・ホールとアレルが助けてくれた。ダニエルは忍耐強い編集者で、私

のったない文章に優雅さと論理性を取り入れてくれた。幼い子どもを育てながら、昼も夜も週末も働いてくれる彼女の疲れ知らずの努力のおかげで、膨大な修正があろうとも、いつも週の初めには最終地点に近づいていると感じることができた。

ロンドン北部に住む隣人であり、家族ぐるみの友人でもあるデニス・ヤントリが新鮮な視点でこの本を読んでくれ、月面着陸への情熱を語ってくれたことをありがたく思う。彼はよく、アポロ13号やJFKのTシャツを着てミーティングに参加してくれた。

アレン・レーン／ペンギン社の編集者であるスチュアート・プロフィットにも感謝する。彼の丁寧な編集とコメントのおかげで、本書は私の限界を超える本になった。彼はあえて異論を提示し、この本が政府のあり方だけでなく、資本主義を考え直すものになるように奮闘してくれた。ペンギン社のほかのメンバーにも感謝する。ロッティ・イーストウッド、アニア・ゴードン、カトリン・ジョーンズ、リンデン・ローソン、レベッカ・リー、アリス・スキナーにお礼を言いたい。ワイリーのエージェントであるサラ・シャルファント、そして彼女の優秀な同僚であるエキン・オクラップとアルバ・ジーグラー・ベイリーは、出版の世界の道案内役になってくれたばかりか、時間を見つけては私を励ましてくれた。

最後に、夫のカルロ・クレスト・ディナに感謝を。カルロはいつも文化の大切さを私に思い出させてくれる――私たちが送りたい人生を思い描く時、文化がいつもその中心にあることを繰り返し教えてくれた。そして子どもたちのレオ、ミコル、ルーチェ、ソフィア、ありがとう。あなたたちの笑顔、笑い声、問いかけ、遊び心、そしてとくに周囲の人たちへの深い共感を見ていると、ほかのすべてが二の次に感じられ、厳しい問いにも耐えられるのだ。

なぜ国家はマリアナ・マッツカートを支持するのか？——訳者あとがき

ウィンストン・チャーチルはかつて、「民主主義は最悪の政治形態だ。これまで試みられてきた他のすべての政治形態を除けば」と言った。では資本主義はどうだろう？　民主主義同様、欠点も問題も少なくないけれど、他の形態よりはマシ、というのが大方の見方ではなかろうか。しかし資本主義をより良い方向に向かわせ、足りない部分を埋め、新しい形の資本主義を提唱する経済学者がいる。ユニバーシティ・カレッジ・ロンドン（UCL）イノベーション＆パブリックパーパス研究所の創設者にして所長として研究の陣頭指揮を執るマリアナ・マッツカートである。

マッツカートはミッション志向のアプローチによる政策立案の旗振り役となり、スコットランド、南アフリカ、アルゼンチン、スウェーデン、ノルウェー、イタリア、バチカンなどで経済政策に関わる一方、欧州委員会の研究・イノベーション総局の特別アドバイザーとして「ミッション志向の研究・イノベーション」を執筆し、委員会のホライズン・ヨーロッパの政策にミッションを取り入れる立役者でもある。

ローリングストーン誌の「世界で最もクリエーティブな50人」のひとりに選ばれ、ワイアード誌が選ぶ「未来の資本主義を形作る25人」には英国版GQ誌が選ぶ「最も影響力のある50人」のひとりに選ばれるなど、経済学者としてはきわめて異例の注目を集めている。

世界が今、彼女の頭脳にこれほど注目する理由は何だろうか。

「スタートアップ神話」の終わりと「政府の役割」の再評価

マッツカートは、行き過ぎた新自由主義のせいで政府や公共部門が邪魔者のように扱われていると嘆く。ここ数十年、政府は民間の補佐役に徹するべきであり、できるだけ介入しないことが経済のためには望ましいとされてきた。しかし歴史を振り返ると、国家や政府が基礎研究に公共の資金を投じたおかげで新しい産業が生まれ、経済に莫大な波及効果を生み出した例は枚挙にいとまがない。グーグルの革新的な検索アルゴリズムは米国の政府機関である国立科学財団の助成金によって開発された。創業当初資金調達に困っていた電気自動車メーカーのテスラは、米エネルギー省から約５００億円を超える融資を受けている。イーロン・マスクが立ち上げた３社（テスラ、太陽光発電のソーラーシティ、宇宙開発のスペースX）を合わせると約５３００億円を超える公的資金が投入されている。

だが、グーグルにしろ、テスラにしろ、その成功話の中で、「最初の投資家」としての政府の役割が取り上げられることはない。その莫大なリターンが納税者に分配されるわけでもない。それはおかしい、とマッツカートは主張する。

彼女の唱える「新しい資本主義」は、国家が市場の形成役となり、公共の利益に資する形で経済の方向性を決め、「最初の投資家」としてリスクを取り、正当なリターンを納税者を含むすべ多くのステークホルダーに分配する仕組みでもある。ミッションを掲げ、すべての人を巻き込むイノベーションを起こし、経済を成長させながら公共の目的をかなえるほどの大きな力を持つのは国家であり政府だけだとマッツカートは主張する。

政府の投資は民間を締め出すどころか、むしろ民間投資を呼び込むものであることは、過去の例を見ても明らかだ。しかも複合的に絡んだ社会課題を解決するには、政府が組織内でサイロ化を避け、民間と対等のパートナーとして力を合わせ、組織や業界を超えた連携をうながすしかない。すべての人を巻き込むミッションを掲げ、目標達成のために連携をうながす力を持つのは、政府だけである。

より良い資本主義を求めて

マッツカートの主張の背景には、人間は必ずしも個人の利益の最大化を求めて行動するわけではないという価値観や哲学があるように思う。人間の公共心を信じることが、より良い資本主義につながるという彼女の主張が今この時代に大きく注目されていることに、世界の希望を感じている。

このことを加速しているのが、投資家もまた、環境や社会に対して透明性があり、インクルーシブな組織は、そうでない組織よりも長期的に成長するはずだという価値観的な哲学に基づいている。短期業績偏重への反省、格差の拡大、個人の消費意識の変化、環境への責任感から、グローバルな投資家が投資先に長期的な社会への貢献を求めることが増えている。グローバルな大手投資残高は35兆ドル（日本円では5000兆円を超える）で、調査対象となった機関投資家の投資残高の3割を超えている。今のペースで増え続ければ、これから5割を超えるのも時間の問題だとも言われる。

新自由主義の恩恵を最も受けてきたのはグローバルな株式投資家であり、裕福な知識階層であり、権力の座にいる人たちであろう。そして新自由主義という資本主義が生み出した社会課題を解決できる力を持っていた人たちと同じ人たちかもしれない。

マッツカートの唱える新しい資本主義が実現されるには、私たちが政府に対する思い込みを捨て、大胆な公共心を信じ、明るい未来を創る過程に参加する努力が必要だろう。私たち訳者も微力ながら、この小さな世界の片隅で、ESG投資を通じて日本を変えるさざなみのひとつになりたいと思っている。

本書を翻訳するチャンスを与えてくださり、いつもながらの魔法のような編集技術で素晴らしい本にしてくださった名エディター、NewsPicksパブリッシングの富川直泰氏に心から感謝します。

関 美和
鈴木絵里子

図表クレジット

図1：https://www.jpl.nasa.gov/infographics/uploads/infographics/full/11358.jpg (accessed 16 September 2020).

図2：https://[illegible]/blog/apollo-program-cost-return-investment (accessed 13 March 2020).

図3：https://www.forbes.com/sites/alexknapp/2019/07/20/apollo-11-facts-figures-business/#5f60c3dc3377 (accessed 2 July 2020).

図4：https://sdg-tracker.org/ (accessed 02 July 2020).

図5：[illegible] M. Mazzucato, *Mission-oriented Research and Innovation in the European Union*, https://ec.europa.eu/info/sites/info/files/mazzucato_report_2018.pdf, p. 11. The report eventually turned the mission idea into a new legal instrument for the Horizon Programme.

図6：https://ec.europa.eu/info/horizon-europe-next-research-and-innovation-framework-programme/missions-horizon-europe/mission-boards_en (accessed 2 July 2020).

図7：Mazzucato, *Mission-oriented Research and Innovation in the European Union*, p. 22.

図8：同上、p. 24.

図9：図9および図10の原典は以下の欧州委員会向け最終報告書p. 47を参照。https://www.ucl.ac.uk/bartlett/public-purpose/sites/public-purpose/files/190515_iipp_report_moiis_final_artwork_digital_export.pdf（ダン・ヒルに特に感謝する）.

図10：同上、[illegible] https://www.ucl.ac.uk/bartlett/public-purpose/sites/public-purpose/files/190515_iipp_report_moiis_final_artwork_digital_export.pdf（ダ[illegible]）.

図11：Mazzucato, *Mission-oriented Research and Innovation in the European Union*, p. 26.

図12：[illegible] https://www.ucl.ac.uk/bartlett/public-purpose/publications/2020/aug/mission-italia-investment-innovation-and-imagination p. 38.

表1：[illegible] spinoff.nasa.gov/Flyers/apollo.html (accessed 2 July 2020).

表2：https://www.planetary.org/space-policy/cost-of-apollo (accessed 7 September 2020).

表3：M. Mazzucato, R. Conway, E. Mazzoli, E. Knoll and S. Albala, 'Creating and Measuring Dynamic Public Value at the BBC', UCL Institute for Innovation and Public Purpose, Policy Report (IIPP WP 2020-16). https://www.ucl.ac.uk/bartlett/public-purpose/wp2020-16.

表4：M. Mazzucato, R. Kattel and J. Ryan-Collins, 'Challenge-driven Innovation Policy: Towards a New Policy Toolkit', *Journal of Industry, Competition and Trade*, 1 (17)

University Press, 2006).

5 Dalton, [illegible]

6 [illegible] pp. [illegible]

8 [illegible] and [illegible], 10 (1995), pp. 20–25.

7 [illegible] Framework for Innovation policy', special issue of *Industry and Innovation*, 'Innovation Policy – Can it Make a Difference?', 23 (2) (2016); and [illegible] 'Mission-oriented Innovation Policy: Challenges and Opportunities', *Industrial and Corporate Change*, 27 (5) (2018), pp. 803–15.

第6章

1 J. K. Galbraith, *The New Industrial State* (Boston: Houghton Mifflin, 1967), p. 360. [illegible]

2 https://georgiainfo.galileo.usg.edu/topics/history/related_article/progressive-era-world-war-ii-1901-1945/franklin-d.-roosevelts-twenty-third-visit-to-georgia/fdr-oglethorpe-university-commencement-address-may-22-1932

3 Mark Godfrey (ed.), *Olafur Eliasson in Real Life* (London: Tate Publishing, 2019), p. 143.

4 [illegible] April 2020, https://www.ft.com/content/[illegible]-9a1e-1ed27e920ca (accessed 2 July 2020).

36 [illegible]以下の議論を参照。Mazzucato, *The Value of Everything*, Chapter 8.

37 同上

38 G. Charreaux and P. Desbrières, 'Corporate Governance: Stakeholder Value versus Shareholder Value', *Journal of Management and Governance*, 5 (2) (2001), pp.107–28.

39 https://www.statnews.com/2020/06/10/collective-intelligence-not-market-competition-deliver-best-covid-19-vaccine/ (accessed 1 July 2020).

40 W. J. Baumol, 'Entrepreneurship: Productive, Unproductive, and Destructive', *Journal of Business Venturing*, 11 (1) (1996), pp. 3–22.

41 https://www.latimes.com/business/la-fi-hy-musk-subsidies-20150531-story.html (accessed 1 April 2020).

42 https://astronomy.com/news/2018/12/despite-concerns-space-junk-continues-to-[illegible] (accessed 13 March 2020).

43 https://www.project-syndicate.org/commentary/platform-economy-digital-feudalism-by-mariana-mazzucato-2019-10 (accessed 1 May 2020).

44 S. Zuboff, *The Age of Surveillance Capitalism: The Fight for a Human Future at the New Frontier of Power* (London: Profile Books, 2019).（『監視資本主義：人類の未来を賭けた闘い』野中香方子訳、東洋経済新報社）

45 K. Raworth, *Doughnut Economics: Seven Ways to Think like a 21st-century Economist* (White River Junction, VT: Chelsea Green Publishing, 2017).（『ドーナツ経済』黒輪篤嗣訳、河出文庫）

46 C. Perez, 'Transitioning to Smart Green Growth: Lessons from History', in R. Fouquet (ed.), *Handbook on Green Growth* (Cheltenham: Edward Elgar, 2019), pp. 447–63.

47 H. Arendt, *The Human Condition* (Chicago: University of Chicago Press, 1958).（『人間の条件』志水速雄訳、ちくま学芸文庫）

48 A. de Tocqueville (translated by R. Howard), *Democracy in America* (New York: J. & H. G. Langley, 1840).（『アメリカのデモクラシー』松本礼二訳、岩波文庫、全4巻）

49 Robert Putnam, *Bowling Alone: The Collapse and Revival of American Community* (New York: Simon and Schuster, 2000), Chapter 2.（『孤独なボウリング：米国コミュニティの崩壊と再生』柴内康文訳、柏書房）以下も参照。Robert Putnam, *Our Kids: The American Dream in Crisis* (New York: Simon and Schuster, 2015)（『われらの子ども：米国における機会格差の拡大』柴内康文訳、創元社）; J. E. Leighley and J. Nagler, *Who Votes Now?* (Princeton, NJ: Princeton University Press, 2014).

50 Ronald Inglehart, *Modernization and Post-Modernization* (Princeton, NJ: Princeton University Press, 1997), p. 307; Russell Dalton, *The Good Citizen: How a Younger Generation is Reshaping American Politics* (2nd edn, Washington, DC: CQ Press, 2015), Chapter 4; Cliff Zukin et al., *A New Engagement?* (New York: Oxford

24 このパラグラフの理由は以下を参照。S. Kelton, *The Deficit Myth: Modern Monetary Theory and the Birth of the People's Economy* (New York: PublicAffairs, 2020)（邦訳：ステファニー・ケルトン『財政赤字の神話：MMTと国民のための経済の誕生』土方奈美訳、早川書房）

25 W. Mosler, *Soft Currency Economics II: What Everyone Thinks That They Know About Monetary Policy Is Wrong* (Christiansted, USVI: Valance, 2012).

26 [illegible] /world/2020/jun/22/[illegible]-march-says-bank-of-england (accessed 2 July 2020).

27 自国通貨以外の通貨で海外債務を抱える新興国にとって、お金を「生み出す」のは決してたやすくはない。こうした国は［illegible］のアプローチを使って経済を立て直し、食品やエネルギーといった必需品・サービスの輸入依存を減らさなければならない。［illegible］

28 S. Kelton, 'As Congress Pushes a $2 Trillion Stimulus Package, the "How Will You Pay for It?" Question Is Tossed in the Trash', *The Intercept*, 27 March 2020 https://theintercept.com/2020/03/27/coronavirus-stimulus-package-spending/ (accessed 1 April 2020).

29 http://www.levyinstitute.org/publications/the-macroeconomic-effects-of-student-debt-cancellation (accessed 2 July 2020).

30 [illegible] and M. Mazzucato, '[illegible] Innovation Policies and the Supermultiplier: An Empirical Assessment [illegible]', forthcoming in *Research Policy*.

31 P. Quattrone, 'Accounting for God: Accounting and Accountability Practices in the Society of Jesus (Italy, XVI–XVII Centuries)', *Accounting, Organizations and Society*, 29 (7) (2004), pp.647–683.

32 J. Hacker, 'How to Reinvigorate the Centre-Left? Predistribution' https://www.theguardian.com/commentisfree/2013/jun/12/reinvigorate-centre-left-predistribution (accessed 2 July 2020).

33 W. Lazonick and M. Mazzucato, 'The Risk-Reward Nexus in the Innovation–Inequality Relationship: Who Takes the Risks? Who Gets the Rewards?', *Industrial and Corporate Change*, 22 (4) (2013), pp.1093–1128.

34 M. Mazzucato, 'We Socialise Bailouts. We Should Socialise Successes, Too.' https://www.nytimes.com/2020/07/01/opinion/inequality-government-bailout.html (accessed 2 July 2020).

35 [illegible] (accessed 1 December 2020). 以下も参照。D. Detter, S. Fölster and J. Ryan-Collins, 'Public Wealth Funds: Supporting Economic Recovery and Sustainable Growth', UCL Institute for Innovation and Public Purpose, IIPP Policy Report (IIPP WP 2020-16) [illegible] https://www.ucl.ac.uk/bartlett/public-purpose/wp2020-16

辻萬治・水野寺武人・戸成富美子訳、ダイヤモンド社）

14 第2章で書いたように、こうした改革のきっかけになった考え方は公共選択理論に基づくものである。公共選択理論については以下を参照。*The Calculus of Consent: Logical Foundations of Constitutional Democracy* (Ann Arbor, University of Michigan Press, 1962)（『公共選択の理論：合意の経済論理』）。この理論への批評は以下を参照。Wolfgang Drechsler, 'The Rise and Demise of the New Public Management', PAE Review, 2005 http://www.paecon.net/PAEReview/issue33/Drechsler33.htm

15 W. M. Cohen and D. A. Levinthal, 'Absorptive Capacity: A New Perspective on Learning and Innovation', *Administrative Science Quarterly*, 35 (1) (1990), pp. 128-52.

16 https://www.ft.com/content/33eae8db-6031-11ea-8b31-618aacdbe6f4

17 R. R. Nelson and S. G. Winter, *An Evolutionary Theory of Economic Change* (Cambridge, MA: Harvard University Press, 1982)（『経済変動の進化理論』後藤晃・角南篤・田中辰雄訳、慶應義塾大学出版会）

18 この章で挙げた論点はいずれも、以下の報告書でさらに発展させている。M. Mazzucato, *Governing Missions in the European Union* (Luxembourg: European Commission, Directorate-General for Research and Innovation, 2019) https://ec.europa.eu/info/sites/info/files/research_and_innovation/contact/documents/ec_rtd_mazzucato-report-issue2_072019.pdf and R. Kattel and M. Mazzucato, 'Mission-oriented Innovation Policy and Dynamic Capabilities in the Public Sector', *Industrial and Corporate Change*, 27 (5) (2018), pp. 787–801 https://doi.org/10.1093/icc/dty032

19 R. S. Lindner, S. Daimer, B. Beckert, N. Heyen, J. Koehler, B. Teufel, P. Warnke and S. Wydra, 'Addressing Directionality: Orientation Failure and the Systems of Innovation Heuristic. Towards Reflexive Governance', Fraunhofer ISI Discussion Papers *Innovation Systems and Policy Analysis* no. 52, 2016

20 M. Grillitsch, B. Asheim and M. Trippl, 'Unrelated Knowledge Combinations: Unexplored Potential for Regional Industrial Path Development', Papers in Innovation Studies, Lund University, Center for Innovation, Research and Competences in the Learning Economy, 2017/10; OECD, *Systems Approaches to Public Sector Challenges: Working with Change* (Paris: OECD Publishing, 2017) http://dx.doi.org/10.1787/9789264279865-en

21 A. Rip, 'A Co-evolutionary Approach to Reflexive Governance – and its Ironies', in J.P. Voss, D. Bauknecht, and R. Kemp (eds), *Reflexive Governance for Sustainable Development* (Cheltenham, UK and Northampton, MA: Edward Elgar, 2006).

22 M. Mazzucato, R. Kattel and J. Ryan-Collins, 'Challenge-driven Innovation Policy: Towards a New Policy Toolkit', *Journal of Industry, Competition and Trade*, 1 (17) (2019) https://doi.org/10.1007/s10842-019-00329-w

23 https://www.youtube.com/watch?v=DNCZHAQnfGU&feature=youtu.be (accessed 17 July 2020)

[illegible]
13 https://[illegible] connected two years delivering opportunity-k-12-schools (accessed 17 July 2020).
14 [illegible]

第8章

1 https://newstoryhub.com/2019/04/it-will-take-cathedral-thinking-greta-thunbergs-climate-change-speech-to-european-parliament-16-april-2019/ (accessed 1 May 2020).
2 [illegible] https://medium.com/[illegible]
3 J. K. Galbraith, *Economics and the Public Purpose* (Boston: Houghton Mifflin, 1973), p. [illegible]
4 [illegible] M. Mazzucato, *The Value of Everything: Making and Taking in the Global Economy* (London: Allen Lane, 2018), Chapters 8 and 9.
5 同上。
6 [illegible]
7 W. M. Cohen and D. A. Levinthal, 'Absorptive Capacity: A New Perspective on Learning and Innovation', *Administrative Science Quarterly*, 35 (1) (1990), pp. 128–52.
8 https://www.project-syndicate.org/commentary/covid-vaccines-for-profit-not-for-people-by-mariana-mazzucato-et-al-2020-12
9 [illegible] Public Purpose, Policy Report (IIPP WP 2020-16) https://www.ucl.ac.uk/bartlett/public-purpose/wp2020-16
10 M. Mazzucato and R. Kattel, 'Getting Serious About Value', UCL Institute of Innovation and Public Purpose (IIPP PB 07, 2019) https://www.ucl.ac.uk/bartlett/public-purpose/publications/2019/jun/getting-serious-about-value
11 E. Penrose, *The Theory of the Growth of the Firm* (Oxford: Basil Blackwell, 1959) [illegible]
12 [illegible] Management', *Strategic Management Journal*, 18 (7) (1997).
13 [illegible]

Purpose (IIPP WP 2017-04). https://www.ucl.ac.uk/bartlett/public-purpose/publications/2018/jan/rethinking-value-health-innovation-mystificationstowards-prescriptions (accessed 10 September 2018).
26 National Institute for Health and Care Excellence, 'Sofosbuvir for Treating Chronic Hepatitis C', 2015, available at https://www.nice.org.uk/guidance/ta330/chapter/2-The-technology (accessed 18 September 2018).
27 Brad Loncar's blog (2018), available at https://www.loncarblog.com/sovaldi-and-harvoni-sales (accessed 18 September 2018).
28 https://www.bmj.com/content/370/bmj.m2661 (accessed 1 July 2020).
29 https://www.nytimes.com/1995/01/17/us/us-gives-up-right-to-control-drug-prices.html (accessed 10 July 2020).
30 https://fas.org/sgp/crs/misc/R44597.pdf, p. 2を参照 (accessed 17 July 2020).
31 https://www.[illegible] (accessed [illegible] July 2020).
32 https://www.thelancet.com/journals/lancet/article/PIIS0140-6736(05)71146-6/fulltext
33 https://www.bbc.co.uk/news/uk-england-london-18917932 (accessed 17 July 2020).
34 https://www.fastcompany.com/1682592/mind-the-gap-mapping-life-expectancy-by-subway-stop (accessed 6 June 2020).
35 以下参照。*Guardian*, 4 June 2020 https://www.theguardian.com/commentisfree/2020/jun/04/covid-19-internet-universal-right-lockdown-online (accessed 6 June 2020).
36 https://www.fcc.gov/reports-research/reports/broadband-progress-reports/2019-broadband-deployment-report (accessed 17 July 2020).
37 https://www.ons.gov.uk/peoplepopulationandcommunity/householdcharacteristics/homeinternetandsocialmediausage/bulletins/internetaccesshouseholdsandindividuals/2019 (accessed 17 July 2020).
38 https://www.lloydsbank.com/assets/media/pdfs/banking-with-us/whats-happening/LB-Consumer-Digital-Index-2018-Report.pdf (accessed 17 July 2020) https://www.ons.gov.uk/peoplepopulationandcommunity/householdcharacteristics/homeinternetandsocialmediausage/bulletins/internetaccesshouseholdsandindividuals/2019 (accessed 17 July 2020).
39 https://www.weforum.org/agenda/2020/04/coronavirus-covid-19-pandemic-digital-divide-internet-data-broadband-mobbile/
40 以下参照。https://www.futurity.org/digital-divide-internet-access-pricing-2276962/ (accessed 17 July 2020); https://siepr.stanford.edu/sites/default/files/publications/20-001_0.pdf (accessed 17 July 2020).
41 欧州委員会のデジタル経済・社会インデックス（DESI）2002年版はこちらを参照。https://ec.europa.eu/digital-single-market/en/scoreboard/italy
42 ISTAT (2019), Cittadini e ICT, *Statistiche Report* 18/12, 以下参照。https://www.

10 [illegible] (accessed 1 September 2020).

11 [illegible]

12 https://www.london.gov.uk/sites/default/files/ [illegible]

13 [illegible] Innovation and Public Purpose (IIPP WP 2018-01) https://www.ucl.ac.uk/bartlett/public-purpose/publications/ [illegible]

14 M. Mazzucato, 'Mobilizing for a Climate Moonshot', Project Syndicate, 2019 https://www.project-syndicate.org/onpoint/climate-moonshot-government-innovation-by-mariana-mazzucato-2019-10 (accessed 1 March 2020).

15 'A European Green Deal', European Commission, 11 December 2019, https:// [illegible]

16 [illegible], 11 December 2019, https://www.politico.eu/article/the-commissions-green-deal-plan-unveiled/ (accessed 13 December 2019).

17 https://www.markey.senate.gov/news/press-releases/ [illegible] ocasio-cortez-introduce-green-new-deal-resolution

18 https://ec.europa.eu/info/sites/info/files/business_economy_euro/banking_and_finance/documents/2020-sustainable-finance-strategy-consultation-document_en.pdf

19 [illegible] 照。Herbert A. Simon, 'Rational Choice and the Structure of the Environment', *Psychological Review* 63 (2) (1956), pp. 129–38.

20 M. Grubb, *Planetary Economics: Energy, Climate Change and the Three Domains of Sustainable Development* (Abingdon: Routledge, 2014).

21 M. Mazzucato and M. McPherson, 'What the Green Revolution can Learn from the IT Revolution: A Green Entrepreneurial State', UCL Institute for Innovation and Public Purpose (IIPP PB 08, 2019).

22 C. Perez and T. M. Leach, 'Smart & Green: A New "European Way of Life" as the Path for Growth, Jobs and Well-being', in Council for Research and Technology Development (ed.), *Re:thinking Europe: Positions on Shaping an Idea* (Vienna: Holzhausen, 2018), pp. 208–23.

23 M. Mazzucato, G. Semieniuk and J. Watson, 'What Will it Take to Get Us a Green Revolution?', SPRU, University of Sussex, 2015 https://www.sussex.ac.uk/webteam/gateway/file.php?name=what-will-it-take-to-get-us-a-green-revolution.pdf&site=264

24 https://www.bmj.com/content/351/bmj.i1136

25 M. Mazzucato and V. Roy, 'Rethinking Value in Health Innovation: From Mystifications towards Prescriptions', UCL Institute for Innovation and Public

Exploring Changing Market-creating Policies in the US and European Space Sector', *Research Policy*, 48 (4) (2019) pp. 936–48 https://www.sciencedirect.com/science/article/pii/S004873331830277X?via%3Dihub

第5章

1 R. R. Nelson, 'The Moon and the Ghetto Revisited', *Science and Public Policy*, 38 (9) (2011) pp. 681–90.

2 J. D. Sachs, G. Schmidt-Traub, M. Mazzucato, D. Messner, N. Nakicenovic and J. Rockström, 'Six Transformations to Achieve the Sustainable Development Goals', *Nature Sustainability* (September 2019) https://www.nature.com/articles/s41893-019-0352-9

3 欧州委員会に向けた私の最初の報告書は以下で参照。*Mission-oriented Research and Innovation in the European Union: A Problem-solving Approach to Fuel Innovation-led Growth* (Luxembourg: European Commission, Directorate-General for Research and Innovation, 2018) https://publications.europa.eu/en/publication-detail/-/publication/5b2811d1-16be-11e8-9253-01aa75ed71a1/language-en My second report was on the governance of missions: *Governing Missions in the European Union* (Luxembourg: European Commission, Directorate-General for Research and Innovation, 2019) https://ec.europa.eu/info/sites/info/files/research_and_innovation/contact/documents/ec_rtd_mazzucato-report-issue2_072019.pdf

4 M. Miedzinski, M. Mazzucato and P. Ekins, 'A Framework for Mission-oriented Innovation Policy Roadmapping for the SDGs', UCL Institute for Innovation and Public Purpose Working Paper (IIPP WP 2019-03)以下のp. 5を参照。https://www.ucl.ac.uk/bartlett/public-purpose/wp2019-03

5 https://assets.publishing.service.gov.uk/government/uploads/system/uploads/attachment_data/file/664563/industrial-strategy-white-paper-web-ready-version.pdf (accessed 2 July 2020).

6 Mazzucato, *Governing Missions in the European Union*.

7 [illegible] David Willetts, *The Road to 2.4%*, https://www.kcl.ac.uk/policy-institute/assets/the-road-to-2.4-per-cent.pdf, pp. 26–8; Government Office for Science, *Raising Our Ambition Through Science*, 2019 https://assets.publishing.service.gov.uk/government/uploads/system/uploads/attachment_data/file/844502/a_review_of_government_science_capability_2019.pdf

8 https://www.ilo.org/wcmsp5/groups/public/---ed_emp/---emp_ent/documents/publication/wcms_432859.pdf (accessed 13 March 2020).

9 European Commission, *Mission-oriented R&I Policies: Case Study Report: Energiewende* (Luxembourg: European Commission, Directorate-General for Research and Innovation, 2018) http://europa.eu/!md89DM

[illegible] and Challenges of the "DARPA Model", *Innovation Policy and the Economy*, 19 (1) (2019), pp. 69–96.

15 https://[illegible].com/2012/08/06/why-explore-space/ (accessed 23 April 2020). [illegible]

16 http://college.cengage.com/history/ayers_primary_sources/king_justice_1966.html (accessed [illegible] April 2020).

17 [illegible]/image-gallery/image-feature-1049.html (accessed 1 September 2020).

18 [illegible] https://[illegible]/r/history/comments/[illegible]/who_is_the_man_in_the_microscope_story_featured/

19 [illegible]-11-innovations-from-apollo-11-mission-that-changed-life-on-earth

20 [illegible]/infographics/uploads/infographics/full/11050.jpg

21 [illegible]を参照。*Chasing the Moon* (2019) directed by R. Stone.

22 https://www.jfklibrary.org/archives/other-resources/john-f-kennedy-speeches/united-states-congress-special-message-19610525 (accessed 2 July 2020).

23 https://christopherrcooper.com/blog/apollo-program-cost-return-investment/ (accessed 20 March 2020).

24 https://www.usinflationcalculator.com

25 [illegible]以下を参照。https://[illegible]

26 クーパーのブログは以下を参照。'Apollo Space Program Cost: An Investment in Space Worth Repeating?' [illegible]-return-investment/ (accessed 10 March 2020).

27 1958年アメリカ航空宇宙法203[illegible]以下を参照。https://history.nasa.gov/spaceact.html

28 House Committee on Science and Astronautics, 1961 NASA Authorization, 88th Cong., 1st sess. (1963), p. 3020.

29 W. M. Cohen and D. A. Levinthal, 'Absorptive Capacity: A New Perspective on Learning and Innovation', *Administrative Science Quarterly*, 35 (1) (1990), pp. 128–52.

30 [illegible] Cong., [illegible]

31 商業打ち上げ法に署名した際の、レーガン大統領による1984年10月30日の演説は以下を参照。http://www.presidency.ucsb.edu/ws/?pid=39335

32 L. Weiss, *America Inc.?: Innovation and Enterprise in the National Security State* (Ithaca, NY: Cornell University Press, 2014).

33 D. R. Robinson and M. Mazzucato, 'The Evolution of Mission-oriented Policies: [illegible]

56 https://www.theatlantic.com/technology/archive/2015/07/supersonic-airplanes-concorde/396698/ (accessed 3 July 2020); https://granttree.co.uk/concorde-a-soaring-tale-of-human-ingenuity/ (accessed 3 July 2020).
57 https://www.ati.org.uk/media/ufvdpccs/ati-insight_13-spillovers.pdf; https://www.renishaw.com/en/heritage--32158 (accessed 3 July 2020).
58 M. Mazzucato and R. Kattel, 'Getting Serious About Value', UCL Institute for Innovation and Public Purpose (IIPP PB 07, 2019) https://www.ucl.ac.uk/bartlett/public-purpose/publications/2019/jun/getting-serious-about-value
59 https://ec.europa.eu/eurostat/databrowser/view/tema225/default/table?lang=en (accessed 3 January 2020); https://ec.europa.eu/eurostat/documents/2995521/9981123/2-19072019-AP-EN.pdf/437bbb15-7db5-4811-b104-296a0d1e2f1e (accessed 3 January 2020).

第4章

1 ケネディの演説は以下を参照。https://er.jsc.nasa.gov/seh/ricetalk.html
2 https://www.theguardian.com/science/2019/jul/11/apollo-11-civil-rights-black-america-moon
3 https://www.nasa.gov/centers/langley/news/factsheets/Rendezvous.html (accessed 1 January 2020).
4 https://history.nasa.gov/SP-4102.pdf (accessed 20 April 2020).
5 http://apollo11.spacelog.org/page/04:06:35:51/ (accessed 14 January 2020).
6 A. S. Levine, *Managing NASA in the Apollo Era* (Washington, DC: NASA Scientific and Technical Information Branch, special publication no. 4102, 1982).
7 A. Slotkin, *Doing the Impossible: George E. Mueller and the Management of NASA's Human Spaceflight Program* (Chichester: Springer Praxis, 2012), p. 21.
8 同上。pp. 6, 12, 45.
9 クランツのインタビューの書き起こしは以下を参照。https://history.nasa.gov/SP-4223/ch6.html (accessed 28 April 2020).
10 M. Mazzucato, *Governing Missions in the European Union* (Luxembourg: European Commission, Directorate General for Research and Innovation, 2019) https://ec.europa.eu/info/sites/info/files/research_and_innovation/contact/documents/ec_rtd_mazzucato-report-issue2_072019.pdf.
11 NASA高官による2018年の記事では、NASAはその歴史の中で数段階にわたる組織変革を経てきたと書かれている。https://hbr.org/2018/04/the-reinvention-of-nasa (accessed 10 June 2020).
12 Levine, *Managing NASA in the Apollo Era*, p. 271.
13 同上。p. 268.
14 P. Azoulay, E. Fuchs, A. P. Goldstein and M. Kearney, 'Funding Breakthrough

[illegible]

41 [illegible] 205be768a7ea_story.html (accessed 31 August 2020).

42 [illegible]

43 A. Laplane and M. Mazzucato, 'Socialising the Risks and Rewards of Public Investments: Economic, Policy and Legal Issues', UCL Institute for Innovation and Public Purpose (IIPP WP 2019-09).

44 https://www.theguardian.com/world/2020/sep/18/covid-test-and-trace-uk-compare-other-countries-south-korea-germany

45 [illegible]

46 [illegible]

47 https://www.theguardian.com/politics/2020/sep/29/whitehall-infantilised-by-[illegible]

48 [illegible] (accessed 1 July 2020).

49 [illegible] *[illegible]* [illegible]

50 K. Lee, C. Lim and W. Song, 'Emerging Digital Technology as a Window of Opportunity and Technological Leapfrogging: Catch-up in Digital TV by the Korean Firms', *International Journal of Technology Management* 29 (1-2) (2005), p. 50「[illegible]究成果をほかの企業に開示することになっていたのに、民間企業のほうがデジタルテレビ技術のさまざまな側面について研究を行い、重要な発見または鍵になる発見を独り占めする傾向が見られた」。

51 同上。

52 [illegible] https://www.unido.org/sites/default/files/files/2020-04/UNIDO_Industrialization [illegible]

53 [illegible]

54 [illegible] (accessed 1 July 2020).

55 [illegible]

25 J. Sekera, 'Outsourced Government – The Quiet Revolution: Examining the Extent of Government by Corporate Contractor' (Economics in Context Initiative, 2017) http://www.bu.edu/eci/2017/09/27/outsourced-government-the-quiet-revolution-examining-the-extent-of-government-by-corporate-contractor

26 United States Government Accountability Office, *Contracting Data Analysis: Assessment of Government-wide Trends*, March 2017 https://www.gao.gov/assets/690/683273.pdf

27 C. Hood and R. Dixon, *A Government that Worked Better and Cost Less? Evaluating Three Decades of Reform and Change in UK Central Government* (Oxford: Oxford University Press, 2015), cited in Mike Hunt at https://blogs.lse.ac.uk/europpblog/2018/09/29/the-dismantling-of-the-state-since-the-1980s-brexit-is-the-wrong-diagnosis-of-a-real-crisis/ (accessed 2 January 2020).

28 https://fullfact.org/economy/rail-fares-inflation/ (accessed 28 April 2020).

29 https://orr.gov.uk/news-and-blogs/press-releases/2019/new-orr-rail-punctuality-statistics-will-help-industry-focus-on-boosting-performance-for-passengers (accessed 28 April 2020).

30 https://fullfact.org/economy/how-much-does-government-subsidise-railways/ (accessed 28 April 2020), https://neweconomics.org/2017/01/railways-failed-next (accessed 28 April 2020).

31 https://www.theguardian.com/business/2020/sep/21/uk-covid-19-rail-rescue-measures-dft-franchising

32 https://www.ft.com/content/636d7f58-3397-11ea-a329-0bcf87a328f2(accessed 2 July 2020)

33 以下を参照。*Financial Times*, 29 January 2020, https://www.ft.com/content/636d7f58-3397-11ea-a329-0bcf87a328f2 (accessed 15 May 2020).

34 https://www.politico.com/story/2019/07/02/spies-intelligence-community-mckinsey-1390863 (accessed 11 July 2020).

35 P. Verkuil, *Outsourcing Sovereignty: Why Privatization of Government Functions Threatens Democracy and What We Can Do about It* (Cambridge: Cambridge University Press, 2007) doi:10.1017/CBO9780511509926

36 https://www.ingentaconnect.com/content/tpp/pap/2019/00000047/00000001/art00005;jsessionid=18599r8ch1s7s.x-ic-live-03 (accessed 11 July 2020).

37 同上。

38 https://publications.parliament.uk/pa/cm201617/cmselect/cmpubacc/772/77203.htm#_idTextAnchor004 (accessed 14 July 2020).

39 Finn Williams, 'Finding the Beauty in Bureaucracy: Public Service and Planning' (Lendlease, 2018) https://www.lendlease.com/uk/better-places/20180823-finding-the-beauty-in-bureaucracy/

40 Paul Hunter, *Guardian*, 1 April 2020 https://www.theguardian.com/commentisfree/2020/apr/01/why-uk-coronavirus-testing-work-catchup (accessed 1

8 K. J. Arrow, 'An Extension of the Basic Theorems of Classical Welfare Economics', in J. Neyman (ed.), *Proceedings of the Second Berkeley Symposium on Mathematical Statistics and Probability* (Berkeley: University of California Press, 1951), pp. 507–[illegible].

9 James M. Buchanan and Gordon Tullock, *The Calculus of Consent: Logical Foundations of Constitutional Democracy* (Ann Arbor: University of Michigan Press, 1962) [illegible] 訳、東洋経済新報社）; D. C. Mueller, 'Public Choice: An Introduction', in C. K. Rowley and F. Schneider (eds), *The Encyclopedia of Public Choice* (New York: Springer, 2004), pp. 32–48.

10 J. Le Grand, 'The Theory of Government Failure', *British Journal of Political Science*, [illegible].

11 C. Wolf, *Markets or Governments: Choosing Between Imperfect Alternatives* (Cambridge, MA: MIT Press, 1989).

12 J. [illegible] Information', *American Economic Review*, 71 (3) (1981).

13 J. M. Buchanan, 'Public Choice: [illegible]', [illegible] *Public Policy and Ideas*, 10 (3) (2003).

14 A. Innes https://blogs.lse.ac.uk/europpblog/2018/09/29/the-dismantling-of-the-[illegible] (accessed [illegible] January 2020).

15 J. E. Lane, *New Public Management: An Introduction* (London: Routledge, 2000).

16 C. Hood, 'The "New Public Management" in the 1980s: Variations on a Theme', *Accounting, Organizations and Society*, 20 (2–3) (1995), pp. 93–109.

17 https://[illegible]guide_e.pdf (accessed 9 July 2020).

18 https://www.nao.org.uk/wp-content/uploads/2018/01/PFI-and-PF2.pdf (accessed [illegible] May 2020).

19 [illegible] 11c8-820d-41ea06376bf3 (accessed 22 December 2019).

20 https://www.theguardian.com/society/2013/sep/18/nhs-records-system-10bn (accessed 22 January 2020).

21 https://www.instituteforgovernment.org.uk/publications/carillion-two-years (accessed 11 March 2020).

22 [illegible] on-government-has-learned-nothing (accessed 21 January 2020).

23 https://www.theguardian.com/[illegible] carillion-collapse (accessed 21 January 2020).

24 https://www.theguardian.com/business/2018/mar/07/carillion-bosses-prioritised-[illegible] (accessed [illegible] January 2020).

33 M. Mazzucato, *The Value of Everything: Making and Taking in the Global Economy* (London: Allen Lane, 2018).

34 W. Lazonick and M. Mazzucato, 'The Risk–Reward Nexus in the Innovation–Inequality Relationship: Who Takes the Risks? Who Gets the Rewards?', *Industrial and Corporate Change*, 22(1) (2013), pp. 1093–1128.

第3章

1 John Maynard Keynes, *General Theory of Employment, Interest, and Money* (London: Macmillan, 1936), p. 383.（『雇用、利子および貨幣の一般理論（上・下）』間宮陽介訳、岩波文庫ほか）

2 R. M. Solow, 'Technical Change and the Aggregate Production Function', *The Review of Economics and Statistics*, 39 (3) (1957), pp. 312–20; P. M. Romer, *What Determines the Rate of Growth and Technological Change?* (Washington, DC: World Bank Publications, 1989).

3 N. Bloom and J. Van Reenen, 'Measuring and Explaining Management Practices across Firms and Countries', *The Quarterly Journal of Economics*, 122 (4) (2007), pp. 1351–1408; M. Mazzucato, *The Value of Everything: Making and Taking in the Global Economy* (London: Allen Lane, 2018). ミクロ経済の価値理論については以下を参照。 H. R. Varian, *Microeconomic Analysis* (New York: W. W. Norton, 1992). 事業戦略から見た企業の価値創造については以下を参照。M. E. Porter, *Competitive Advantage: Creating and Sustaining Superior Performance* (New York : Free Press, 1985).（『競争優位の戦略：いかに高業績を持続させるか』土岐坤・中辻萬治・小野寺武夫訳、ダイヤモンド社）

4 M. Mazzucato, *The Entrepreneurial State: Debunking Public Sector vs Private Sector Myths* (London: Penguin, 2018).（『企業家としての国家：イノベーション力で官は民に劣るという神話』大村昭人訳、薬事日報社）

5 M. Angell, *The Truth about the Drug Companies: How they Deceive Us and What to Do about It* (New York: Random House, 2005)（『ビッグ・ファーマ：製薬会社の真実』栗原千絵子・斉尾武郎監訳、篠原出版新社）; M. Mazzucato and G. Semieniuk, 'Financing Renewable Energy: Who is Financing What and Why It Matters', *Technological Forecasting and Social Change*, 127 (2018), pp. 8–22.

6 H.J. Chang, *The Political Economy of Industrial Policy* (Basingstoke: Macmillan, 1994) and 'The Political Economy of Industrial Policy in Korea', *Cambridge Journal of Economics*, 17 (2) (June 1993), pp. 131–57 https://doi.org/10.1093/oxfordjournals.cje.a035227

7 J.S. Shin, 'Dynamic Catch-up Strategy, Capability Expansion and Changing Windows of Opportunity in the Memory Industry', *Research Policy*, 6 (2017), pp. 404–16.

June 2020).

18 [illegible]

19 O. Jorda, M. Schularick and A. M. Taylor, 'Macrofinancial History and the New [illegible] (2017), pp. [illegible].

20 W. Lazonick, 'From Innovation to Financialization: How Shareholder Value [illegible] *Handbook of the Political Economy of Financial Crises* (Oxford: Oxford University Press, 2013), pp. 491-511.

21 https://neweconomics.org/uploads/files/NEF_SHAREHOLDER-CAPITALISM_E-latest.pdf (accessed 9 July 2020).

22 J. Wood, 'Mortgage Credit: Denmark's Financial Capacity Building Regime', *New Political Economy* [illegible] 2018.1545755.

23 https://www.marketwatch.com/story/airlines-and-boeing-want-a-bailout-but-look-how-much-theyve-spent-on-stock-buybacks-2020-03-18 (accessed 26 March 2020).

24 https://www.forbes.com/sites/stevedenning/2017/07/17/making-sense-of-shareholder-value-the-worlds-dumbest-idea/#15bab a722a7e (accessed 27 April 2020).

25 [illegible]

26 https://www.theatlantic.com/magazine/archive/2018/07/toys-r-us-bankruptcy-private-equity/561758/ (accessed 14 May 2020).

27 [illegible]

28 [illegible] https://www.eesi.org/papers/view/fact-sheet-[illegible] 2020). [illegible] https://www.theguardian.com/environment/2019/jan/23/uk-has-biggest-fossil-fuel-subsidies-in-the-eu-finds-commission; https://eur-lex.europa.eu/legal-content/EN/TXT/PDF/?uri=COM:2019:1:FIN& from=EN (accessed 10 September 2020).

29 https://www.edie.net/news/11/G20-nations-funnel-151bn-of-Covid-19-recovery- [illegible] 2020).

30 P. B. Evans, *Embedded Autonomy: States and Industrial Transformation* (Princeton, NJ: Princeton University Press, 2012).

31 [illegible] obamas-government-reform-plan (accessed 21 April 2020).

32 https://www.reaganfoundation.org/ronald-reagan/reagan-quotes-speeches/news-conference-1/ (accessed 22 January 2020).

Implications for Public Policy', in *OECD Economic Outlook*, 2018(2) (2018), pp. 51–65 https://www.oecd.org/economy/outlook/Decoupling-of-wages-from-productivity-november-2018-OECD-economic-outlook-chapter.pdf

6 T. Piketty and G. Zucman, 'Capital is Back: Wealth-Income Ratios in Rich Countries 1700–2010', *The Quarterly Journal of Economics*, 129 (3) (August 2014), pp. 1255–1310 https://doi.org/10.1093/qje/qju018

7 A. Tooze, *Crashed: How a Decade of Financial Crises Changed the World* (London: Allen Lane, 2018), Chapter 10（『暴落：金融危機は世界をどう変えたのか』江口泰子・月沢李歌子訳、みすず書房）

8 IMF Global Debt Database, 2019, total stock of loans and debt securities issued by households and nonfinancial corporations as a share of GDP https://www.imf.org/external/datamapper/PVD_LS@GDD/FAD/WORLD/USA/GBR/DEU/CHN/FRA

9 L. Dallas, 'Short-Termism, the Financial Crisis, and Corporate Governance', *Journal of Corporation Law*, 37 (2011), p. 264 https://papers.ssrn.com/sol3/papers.cfm?abstract_id=2006556; R. Davies et al., 'Measuring the Costs of Short-termism', *Journal of Financial Stability*, 12 (2014), pp. 16–25; J. Kay, *The Kay Review of UK Equity Markets and Long-term Decision Making* (2012) https://assets.publishing.service.gov.uk/government/uploads/system/uploads/attachment_data/file/31544/12-631-kay-review-of-equity-markets-interim-report.pdf

10 OECDおよびIMFのデータは以下の論文より抜粋。R. Fay, J. D. Guénette, M. Leduc and L. Morel, 'Why Is Global Business Investment So Weak? Some Insights from Advanced Economies', *Bank of Canada Economic Review* (Spring 2017) https://www.bankofcanada.ca/wp-content/uploads/2017/05/boc-review-spring17-fay.pdf

11 High Pay Centre, 2017, 'Executive Pay: Review of FTSE 100 Executive Pay Packages' https://highpaycentre.org/files/7571_CEO_pay_in_the_FTSE100_report_(FINAL).pdf

12 [illegible] A. Haldane, 'Who Owns a Company?', speech at the University of Edinburgh, 22 May 2015, https://www.bankofengland.co.uk/-/media/boe/files/speech/2015/who-owns-a-company.pdf

13 https://www.theguardian.com/commentisfree/2020/may/28/ppe-testing-contact-tracing-shambles-outsourcing-coronavirus (accessed 1 June 2020); https://www.ft.com/content/c5079a62-1169-470d-a29f-79e828a9865 (accessed 13 July 2020)

14 https://www2.deloitte.com/us/en/insights/economy/spotlight/economics-insights-analysis-08-2019.html

15 https://www.federalreserve.gov/publications/files/2018-report-economic-well-being-us-households-201905.pdf

16 https://www.nytimes.com/2014/04/05/business/economy/corporate-profits-grow-ever-larger-as-slice-of-economy-as-wages-slide.html (accessed 6 April 2020).

17 http://laborcenter.berkeley.edu/the-high-public-cost-of-low-wages/ (accessed 20

[illegible]

第1章

1 ウネザイの独話は以下を参照 https://er.jsc.nasa.gov/seh/ricetalk.htm
2 https://www.jfklibrary.org/events-and-awards/forums/past-forums/transcripts/50th-anniversary-of-the-missile-gap-controversy (accessed 13 July 2020).
3 https://www.planetary.org/space-policy/cost-of-apollo (accessed 7 September 2020).
4 https://eur01.safelinks.protection.outlook.com/?url=https%3A%2F%2Fwww.computerweekly.com%2Fnews%2F252466699%2FHow-Apollo-11-influenced-modern-computer-software-and-hardware&data=01%7C01%7C%7C535cfd17ce[illegible]a1O5kvvwvzHZPUsB3ZY0cYZwWPVFbXGhzhx0G%2Bvk%3D&reserved=0 (accessed [illegible] 2020).
5 J. K. Galbraith, *Economics and the Public Purpose* (Boston: Houghton Mifflin, 1973)（『経済学と公共目的（上・下）』久我豊雄訳、講談社文庫）
6 M. Mazzucato and R. Kattel, 'Getting Serious about Value', UCL Institute for Innovation and Public Purpose (IIPP PB 07, 2019) https://www.ucl.ac.uk/bartlett/public-purpose/publications/2019/jun/getting-serious-about-value
7 https://www.blackrock.com/americas-offshore/2018-larry-fink-ceo-letter
8 https://www.businessroundtable.org/business-roundtable-redefines-the-purpose-of-a-corporation-to-promote-an-economy-that-serves-all-americans

第2章

1 L. Laybourn-Langton et al., 'This Is a Crisis: Facing up to an Age of Environmental Breakdown' (London: Institute for Public Policy Research, 2019) https://www.ippr.org/files/2019-11/this-is-a-crisis-feb19.pdf
2 UN Environment Programme, Emissions Gap Report 2019 https://www.unenvironment.org/resources/emissions-gap-report-2019
3 G. Ceballos, P. R. Ehrlich and R. Dirzo, 'Biological Annihilation via the Ongoing Sixth Mass Extinction Signaled by Vertebrate Population Losses and Declines', *PNAS*, 114(30) (25 July 2017) https://doi.org/10.1073/pnas.1704949114
4 OECD, *Divided We Stand: Why Inequality Keeps Rising* (Paris: OECD Publishing, 2011) https://doi.org/10.1787/9789264119536-en
5 [illegible] Decoupling of Wages from Productivity: What [illegible]

原　注

はじめに

1　M. Mazzucato and R. Kattel, 'COVID-19 and Public Sector Capacity', *Oxford Review of Economic Policy*, 2020, https://doi.org/10.1093/oxrep/graa031
2　https://www.globalpolicyjournal.com/blog/09/04/2020/testing-capacity-state-capacity-and-covid-19-testing (accessed 20 April 2020).
3　https://www.theguardian.com/global-development/2020/apr/09/in-a-war-we-draw-vietnams-artists-join-fight-against-covid-19 (accessed 20 April 2020).
4　https://idronline.org/covid-19-and-lessons-from-kerala/ (accessed 29 May 2020).
5　https://www.technologyreview.com/2020/04/13/[illegible]-coronavirus/?utm_medium=tr_social&utm_campaign=site_visitor.unpaid.engagement&utm_source=Twitter#Echobox=1588354761 (accessed 1 May 2020); M. Mazzucato and G. Quaggiotto, 'The Big Failure of Small Governments', https://www.project-syndicate.org/commentary/small-governments-big-failure-covid19-by-mariana-mazzucato-and-giulio-quaggiotto-2020-05 (accessed 17 July 2020).
6　https://www.wsj.com/articles/efficiency-isnt-the-only-economic-virtue-11583873155 (accessed 1 April 2020).
7　https://www.theguardian.com/commentisfree/2020/may/07/outsourcing-coronavirus-crisis-business-failed-nhs-staff (accessed 19 May 2020).
8　https://www.health.org.uk/news-and-comment/news/response-to-public-health-grant (accessed 15 July 2020).
9　https://www.health.org.uk/news-and-comment/news/response-to-public-health-grant (accessed 15 July 2020).
10　https://www.bma.org.uk/news-and-opinion/a-public-health-resurgence (accessed 15 July 2020).
11　https://www.theguardian.com/business/2013/dec/19/offender-electronic-tagging-serco-repay-68m-overcharging (accessed 15 May 2020).
12　https://committees.parliament.uk/publications/1976/documents/50058/default
13　https://www.forbes.com/sites/[illegible]/2013/11/10/the-unhealthy-truth-about-obamacares-contractors/#e65b371641fd (accessed 1 June 2020); https://www.telegraph.co.uk/business/2018/06/06/serco-wins-670m-contract-us-healthcare-insurance/ (accessed 1 June 2020).
14　R. Davies, 'The Inside Story of the UK's NHS Coronavirus Ventilator Challenge' https://www.theguardian.com/business/2020/may/04/the-inside-story-of-the-uks-nhs-coronavirus-ventilator-challenge
15　外注をめぐるニュージーランド政府による方針変更の評価については以下の報告を参照。https://www.treasury.govt.nz/sites/default/files/2008-02/schick-rnzm01.pdf

著者紹介

マリアナ・マッツカート (Mariana Mazzucato)

[illegible](UCL)経済学教授、同大学イノベーション&パブリックパーパス研究所創設所長。世界保健機関(WHO)「万人の健康のための経済会議」議長。
現代を代表する経済学者としてリベラル派、保守派を問わず近年絶大な人気と信頼をほこり、イタリア、スコットランド、南アフリカなど各国政府の経済アドバイザーを務める。2020年、WIRED誌「資本主義の未来を築くリーダー25人」、Fast Company誌「ビジネス界の最もクリエイティブな100人」、GQ誌[illegible]主著に『企業家としての国家』(薬事日報社)ほか。日本では本書が一般書としては初の本格紹介となる。

訳者紹介

関美和 (せき・みわ)

翻訳家。[illegible]MPower Partners Fund L.P.ゼネラル・パートナー。杏林大学外国語学部特任准教授。アジア女子大学(バングラデシュ)支援財団理事。慶應義塾大学文学部・法学部卒業。電通、スミス・バーニー勤務の後、ハーバード・ビジネススクールでMBAを取得。モルガン・スタンレー投資銀行を経てクレイ・フィンレイ投資顧問東京支店長。訳書に100万部を突破した『ファクトフルネス』(日経BP、共訳)、ティール『ゼロ・トゥ・ワン』(NHK出版)、バルファキス『父が娘に語る 美しく、深く、壮大で、とんでもなくわかりやすい経済の話。』(ダイヤモンド社)など多数。

鈴木絵里子 (すずき・えりこ)

ベンチャーキャピタリスト。MPower Partners Fund L.P.マネージング・ディレクター。カナダ・マギル大学卒業(経済学・国際開発学・数学)。モルガン・スタンレー投資銀行、UBS証券の投資銀行部門を経て、シリコンバレーのドローンベンチャーSkycatchの日本法人を設立。その後ミスルトウ株式会社投資部ディレクター、[illegible]キャピタルのゼネラル・パートナーを歴任。金融・テクノロジー・起業家の力を駆使し、グローバルな視点での社会課題解決支援に取り組んでいる。著書に『これからは、生き方が働き方になっていく』(大和書房)。

ミッション・エコノミー

国×企業で「新しい資本主義」をつくる時代がやってきた

2021年12月22日　第1刷発行

著者　マリアナ・マッツカート
訳者…………関美和・鈴木絵里子
発行者………金泉俊輔
発行所　株式会社ニューズピックス
〒106-0032 東京都港区六本木7-7-7 TRI-SEVEN ROPPONGI 13F
電話　03-4356-8988　※電話でのご注文はお受けしておりません。
FAX　03-6362-0600　FAXあるいは下記のサイトよりお願いいたします。
[illegible]

印刷・製本　シナノ書籍印刷株式会社

本書に関するお問い合わせは下記までお願いいたします。
np.publishing@newspicks.com

装幀……………………水戸部功
本文デザイン・DTP……朝日メディアインターナショナル（株）
校正……………………鷗来堂
営業……………………岡元小夜・鈴木ちほ・多田友希
進行管理………………中野薫・小森谷聖子
編集……………………富川直泰

希望を灯そう。

NewsPicks PUBLISHING

「失われた30年」に、
失われたのは希望でした。

今の暮らしは、悪くない。
ただもう、未来に期待はできない。
そんなうっすらとした無力感が、私たちを覆っています。

なぜか。
前の時代に生まれたシステムや価値観を、今も捨てられずに握りしめているからです。

こんな時代に立ち上がる出版社として、私たちがすべきこと。
それは「既存のシステムの中で勝ち抜くノウハウ」を発信することではありません。
錆びついたシステムは手放して、新たなシステムを試行する。
限られた椅子を奪い合うのではなく、新たな椅子を作り出す。
そんな姿勢で現実に立ち向かう人たちの言葉を私たちは「希望」と呼び、
その発信源であることをここに宣言します。

もっともらしい分析も、他人事のような評論も、もう聞き飽きました。
この困難な時代に、したたかに希望を実現していくことこそ、最高の娯楽（エンタメ）です。
私たちはそう考える著者や読者のハブとなり、時代にうねりを生み出していきます。

希望の灯を掲げましょう。
1冊の本がその種火となったなら、これほど嬉しいことはありません。

NewsPicksパブリッシング 編集長

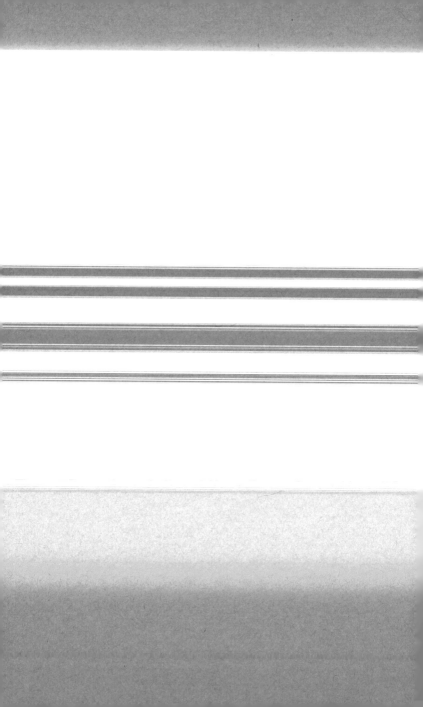

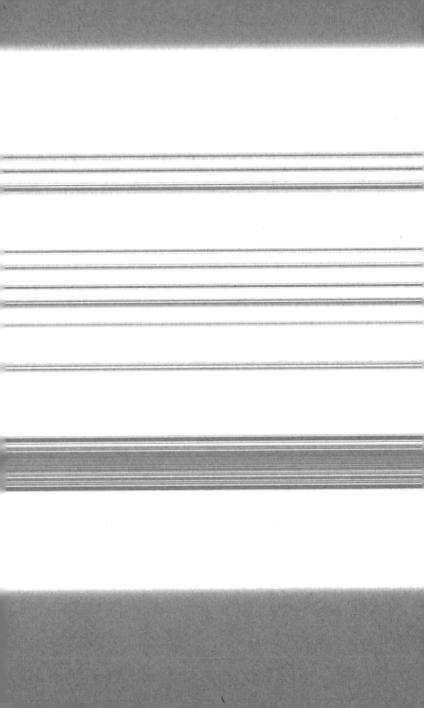

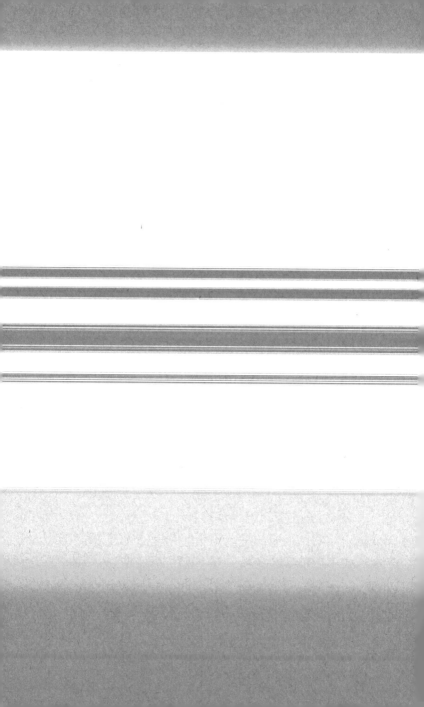